KB076613

공무원이 전부는 아니라서요

권석민

https://brunch.co.kr/@2e2100b4c71c3044a

ThinkWise 마인드맵 정리력 전문가입니다. 기록으로 일과 삶에서 성과로 연결한
사례를 말합니다.

발 행 | 2023-07-03
저 자 | 권석민
펴낸이 | 한건희
펴낸곳 | 주식회사 부크크
출판사등록 | 2014.07.15(제2014-16호)
주 소 | 서울 금천구 가산디지털1로 119, A동 305호
전 화 | 1670 - 8316
이메일 | info@bookk.co.kr

ISBN | 979-11-410-3402-3
본 책은 브런치 POD 출판물입니다.
https://brunch.co.kr

www.bookk.co.kr

공무원이
전부는
아니라서요

권석민 지음

CONTENT

저자 소개

일과 자기 계발의 동시성을 강조한다. 일과 삶이 분리된 것이 아니라 주변의 것으로부터 배울 기회를 찾아 익히고 일의 성과를 높이는데 적용하고, 격을 높이는 삶을 지향한다. 20년 이상 공직에서 보고서 작성, 기획, 문제해결, 프로젝트 추진하였다. 씽크와이즈라는 디지털 마인드맵으로 일상에서 일어나는 생각, 정보, 독서, 강연, 대화 등에서 핵심을 1장으로 그려내는 정리력 전문가다.

'세바시'에서 '낯선 환경이 주는 변화' 주제로 스피치로 많은 사람들에게 영감을 주었으며, 2021년 제5회 씽크와이즈 유저 콘퍼런스에서 '더 넓은 세상과 연결되다'라는 주제로 발표했다. 화성시청에서 사내 강사로 활동 중이며, 경희대학교 테크노경영대학원, 경기도 인재개발원, 수원대학교, 화성시 문화재단, 경북도청 등에서 마인드맵을 활용한 업무 적용 사례 등에 대해 다수 강의를 했다.

주요 논문은 「스마트 워크와 디지털 전환 인식 수준이 공공 조직에서 영향을 미치는 결정요인 분석」이 있다. 브런치 작가, 칼럼니스트 등 다양한 활동을 하고 있다. 세상에 공헌하는 가치 있는 삶을 지향한다.

서문

'공무원이 전부는 아니라서요'라는 제목은 공직 이외의 활동, 즉 자기계발이 다양한 사고와 도구의 활용을 통해 업무성과로 연결된다는 의미를 담고 있다.

생각을 정리하여 일과 삶에 성과로 연결하는 것이 생각만큼 쉬운 일은 아니다. 일의 전체 맥락을 살펴보고 비전과 목표를 설정하며, 목표를 달성하기 위해 역할과 일정을 명확히 설정하고 행동하는 프로세스에 대해 생각하고 글로 썼다.

머릿속에서 맴돌고 있는 사고의 흐름을 씽크와이즈-디지털 마인드맵으로 작성한다. 마인드맵을 작성하는 과정에서 정보를 수집하고 요소와 요소 간의 관계를 파악하고 계층을 나눠 분류하고 구조화한다.

마인드맵을 활용하여 일하는 방식은 유용하다. 구조화를 하면서 논리적인 사고가 발달되고 전체를 그림의 연결된 형태로 보기 때문에 창의적인 사고를 동시에 할 수는 장점이 있다. 일과 삶에서 고민하고, 적용하며, 이뤄낸 일에 대한 이야기다.

공직에 들어와서 일, 행동, 관계, 학습 등 공직에 필요한 역량과 자세, 태도 등에 대해 세세한 가르침을 부는 선배가 있었으면 좋겠다고 생각했다. 힘들 때마다 지침이 되어주는 선배 같은 지침서가 있으면 조금 더 나은 공직 생활을 할 수 있다고 생각한다.

공직에서 선배, 동료, 후배를 생각했다. 이 글이 누군가에게 영감을 주어 삶의 동력이 되기를 바란다.

삶과 일에서 맥락 읽기

흔히 부모님들은 "바쁜데 오지 마."라고 한다. 무슨 뜻일까? 진심으로 한 말씀일까? 필자는 그 말을 곧이곧대로 믿고 안 가곤 했다. 말은 안 하셨지만 섭섭해하셨을 거다. 결론은 오라는 말씀이다. 맥락을 읽어야 한다.

일 잘하는 사람은 맥락 있게 일한다. 예를 들어 어떤 서비스 안내를 위한 세련된 A 디자인과 투박한 B 디자인이 있다고 하자. 모두 세련된 A 디자인이 좋다고 한다. 만약, 소상공인 자영업자가 가장 많이 이용하는 서비스 안내문에는 세련된 A 디자인을 선택하는 것보다 이해하기 쉽고 헷갈리지 않는 투박한 B 디자인을 선택하는 것이 낫다. 상황에 따라 최종 고객이 누구인지 알아야 한다. 어떤 일이 중요한지 아는 것이 바로 맥락 지능이다. 박소연 작가의 <일하면서 성장하고 있습니다>에 나오는 내용이다.

<어치브 모어(Achieve More)>의 저자 김성미 작가는 일이 되게 하는 사람은 일의 '구조'부터 디자인하고 장악한다고 말한다. 흔히 산에 올라가기 전에 안내도를 본다. 가야 할 목적지를 보고 각각의 지점들 확인한다. 어디서 쉬었다 가야 하는지, 어느 지점에서 점심을 먹어야 하는지 등을 정하고 간다면 막연했던 불안감이 사라지고 한결 가벼운 마음으로 산행을 할 수 있다. 여행을 갈 때도 마찬가지다. 목적지를 검색해 보고 거리는 몇 킬로가 되는지 알아본다. 목적

지에 도착해서 무엇을 할지도 미리 정해 본다. 정하지 않고 가서 불필요하게 헤매는 것보다 시간과 에너지를 줄일 수 있다. 전망대에 올라가 도시 전체를 내려다봤을 때 어디에 무엇이 있는지 알 수 있는 것과 같은 이치다.

전체를 파악하는 능력을 '조감적 사고'라 말한다. 조감적 사고란 어떤 상황이나 사물을 구성하고 있는 세부 항목들을 관찰하고 분류하여 계층적으로 구조화하는 사고능력이다. 조감적 사고를 갖게 되면 문제를 보고 대안을 제시할 때 여유를 가질 수 있다. 다가올 상황에 의연하게 대처가 가능하다. 주어진 과제에 대해 아는 것과 모르는 것을 간파하여, 문제를 해결하기 위한 순서와 경로를 찾아낼 수 있다. 전체 목표와 부분적인 목표 간의 의미를 파악하고, 목표 달성을 위한 계획을 수월하게 세울 수 있다.

필자는 씽크와이즈라는 디지털 마인드맵으로 막연한 생각을 정리한다. 전체를 보기 위해 시각화를 해 본다. 주어진 요소를 쪼개보고 관계를 살펴본다. 같은 유형은 묶어보고 요소 간의 상하 계층을 나눠본다. 구조화해 보는 것이다. 백화점 진열대에 상품을 진열하는 것과 비슷하다. 생각이 정리되고 복잡한 문제도 해결의 실마리를 헤아릴 수 있다. 미리 상황을 살펴보니 유연함도 생긴다.

흔히 일을 할 때 급한 것은 어찌 되었든 하게 된다. 문제는 그리 급하지 않지만 중요한 일이다. 예를 들면 연말 평가에 대비하는 것이나 수능시험과 같은 것이다. 시간이 많이 남아 있으니, 초반부터 힘을 쓰려하지 않고 뒤로 미뤄둔다. 평가를 잘 받기 위해서는 시기별로 차곡차곡 준비해야 하는데 그러지 못해서 평가를 대비할 수 없는 불행한 일이 발생하기도 한다. 시기별로 달성해야 할 작은 미션들을 설정해야 하고, 준비해야 한다. 이때 위력을 발휘할 수 있는 것이 바로 씽크와이즈다. 씽크와이즈로 목표와 해야 할 일을 설정하고 일정에 연결한다. 뇌는 과제를 완결하려는 속성이 있다. 설정한 목표와 일정은 행동으로 옮겨진다. 바로 생각을 성과로 만들어내는 것이다.

해가 바뀌면 새롭게 목표를 세운다. 회사에서 1년간의 목표를 정하듯이 팀 단위로도 1년간 팀이 나아가야 할 방향, 명확한 목표 설정, 추진 전략, 이를 달성하기 위한 계획을 수립한다. 씽크와이즈를 활용하여 중앙에 핵심이 되는 가치를 적는다. 연상되는 단어들을 적어 내려간다. 핵심 가치를 중심으로 방사형 형태로 아이디어들이 그려진다. 나열된 아이디어를 비슷한 것끼리 분류하고 상호연관성을 파악하여 묶는 과정을 거친다. 분류하고 묶어낸 것들 사이에 중복된 것과 빠진 것이 없는지 살펴본다. 씽크와이즈로 생각을 정리하는 일련의 과정을 거치면서 전체를 보는 힘이 생긴다. 생각의 폭과 깊이가 좋아진다.

한글로 배경, 성과와 반성, 목표, 전략, 추진방안, 추진 일정, 기대효과 등을 작성하다 보면 전체 구조를 파악하는데 힘이 들 수 있다. 씽크와이즈를 활용하면 1장의 맵(map)으로 전체를 이미지 형태로 볼 수 있는데, 부족한 부분이 있는지 파악하기 쉽다. 필자는 논문 형태의 과제를 작성할 때 씽크와이즈를 활용한 경험이 있다. 전체 구조를 미리 설계한 후 세부 내용을 넣어 완성했다. 시간도 단축되지만, 구성도 단단했기 때문에 높은 점수를 획득할 수 있었다.

삶을 살아가는 데 있어 전체를 보는 힘은 중요하다. 전체를 볼 수 있다는 것은 맥락을 살필 수 있다는 뜻이다. 전체를 보는 힘은 언제 무엇을 해야 하는지 아는 것이다. 액셀레이터를 밟을 때와 브레이크를 밟을 때를 안다. 불명확한 문제를 개념화하여 해결하기 위한 과정들을 손쉽게 설계할 수 있다. 삶과 일에서 전체를 보는 힘을 키울 수 있다. 2023년 한 해를 시작하는 시점에 복잡한 생각을 정리할 수 있는 씽크와이즈를 활용해 보는 것은 어떨까? 누가 아는가 인생의 새로운 전환점이 될 수 있을지.

정보의 나열보다 의미 전달

통상 작성되는 보고서를 보면 상품 설명서처럼 작성되는 경우가 있다. 예를 들면, 숫자, 통계, 표를 작성하는 데 그 의미는 쓰지 않는 것이다. 딱히 잘못 썼다고 하기도 뭐 하지만 잘 쓴 보고서는 아니다. 친절하지 않다. 읽는 사람의 시간을 빼앗는 보고서다. "정보를 담았으니, 의미 파악은 상사가 알아서 하세요."처럼 생각된다.

하수와 고수의 차이점은 무엇일까? 하수는 정보의 나열만 하는 사람이고, 고수는 정보에 의미까지 담아내는 사람이다. 설문조사를 했으면 설문조사가 의미하는 바를 써야 하고, 표를 작성했으면, 표를 작성한 의미를 써야 한다. 연초 계획서를 작성했으면, 방향성을 담아내야 한다. 보고서의 글씨 색, 서체, 틀을 바꾼다고 해서 새로운 보고서가 되는 것이 아니다. 이전에 작성된 보고서 안에서 작성하려 하니 틀 안에 갇힌다.

보고서에 생각을 담아내자. 정보의 나열은 누구나 할 수 있다. 한 번 더 생각해 보고, 질문해 보면서 궁금한 것을 채워 나가면 의미 있는 보고서를 만들 수 있다. 작은 차별성이 남들과 다른 큰 차이로 나타난다.

생각정리의 시작점

내가 알고 있는 것과 모르는 것을 구분하는 것에서부터
생각정리는 출발한다

서울대학교 심리학과 최인철 교수의 저서 「프레임」에서는 지혜에 대해 정의를 하고 있다. "지혜란 한계를 인정하는 것이다." 내가 아는 것과 알지 못하는 것, 할 수 있는 것과 할 수 없는 것 사이의 경계를 인식하는 것에서 출발한다고 말한다. 같은 맥락으로 어려운 일을 수월하게 해내는 사람을 보면 나도 할 수 있을 것 같은 착각에 빠지곤 한다. 이 정도쯤 이야 거뜬하게 할 수 있다고 말하지만, 막상 해보면 잘 안 된다. 예일대학교 심리학과 안우경 석좌교수의 저서 「씽킹 101」에서는 이러한 착각을 유창성의 효과, 유창성의 착각(illusion of fluency)이라고 말한다. 안다는 느낌의 오류다.

강의를 듣고 나면 마치 강의 내용을 모두 알고 있다는 착각에 빠진다. 옆에 있는 친구에게 강의 내용을 설명하려고 말을 꺼내면 강의 내용의 10%도 말하지 못하는 나를 만나게 된다. 회의를 준비하는 계획을 세우면서 마치 상황을 모두 통제하고 있다고 착각하기도 한다. 일시, 장소, 참석자, 시간 계획, 시나리오, 말씀자료, 좌석 배치도 등을 미리 준비하면서 완벽하다고 생각하지만 회의를 하는 날이 다가왔을 때 회의를 개최할 수 있는 위원의 구성이 되지 않아 곤란에 빠지는 예상하지 못했던 변수들이 눈앞에 나타나곤 한다.

2년 동안 대학원을 다녔다. 수업 시간에 교수님의 말씀을 하나도 빠짐없이 노션(NOTION, 일종의 디지털 협업 도구)에 기록했다. 수업이 끝나면 만족감에 집으로 와서 수업 시간에 기록했던 노트를 다시 보려 하지 않고 잠이 든다. 마치 다 알고 있다는 듯 말이다. 결국 시험을 볼 때가 되면 기록했던 노트의 내용들은 전혀 기억나지 않는다. 기록했다는 만족감이 독이 된 것이다. 백지상태에서 내가 아는 것을 적어 보면 나의 지식이 얼마나 형편없는지 금방 알게 된다. 안다고 생각했는데 알고 있는 게 아니었다.

발표할 기회가 있었다. 잘하려는 욕심에 발표 자료를 열심히 만들었다. 발표 날이 다가오자, 불안감에 휩싸였다. 발표는 생각을 잘 정리해서 다른 사람에게 말로 잘 전달하는 것이다. 청중 앞에 서기 전에 말로 연습을 해봐야 한다. 그래야 내가 잘할 수 있는지 아니면 어디가 부족한지 알게 된다. 직접 말로 연습하지 않고. 발표하면 머릿속으로 생각했던 것처럼 말이 나오질 않는다. 분명 머리로는 생각했는데 말이다. 바로 잘 알고 있고, 할 수 있다는 착각이 발표를 망치게 한 것이다.

내가 모르는 것을 아는 것이 '생각 정리'의 시작점이다. 20세기 현대 예술의 거장 사진작가 앙리 카르티에 브레송은 "결정적 순간을 포착하다"라는 유명한 말씀을 남겼다. 뇌를 연구하는 물리학자이자 뇌공학자인 정재승 교수의 저서 「열두 발자국」에서 인생에는 '결정의 순간(GO/NO Go moment)'이 있다고 말한다. '해야 할까 말아야 할까', '가야 할까 가지 말아야 할까'와 같은 의사결정을 수없이 한다는 것이다. '최인아 책방'의 최인아 대표는 세바시 강의에서 '결정적 순간'이 인생의 마디마디마다 있고, 그 순간에 어떻게 생각하고, 어떻게 접근하며, 어떻게 반응하고, 어떤 태도를 보이는지에 따라 인생의 길이 갈린다고 말한다.

어떻게 생각하고, 어떻게 접근하며, 어떻게 반응하고, 어떤 태도를 가져야 하는지 올바른 결정을 내리기 위해서는 무엇이 필요할까? 생각을 잘 정리해야 한다. 선명하지 않은 생각을 선명하게 해야 한다. 내가 생각하는 것을 분명하고 명확하게 정리하여 다른 사람에게 설명할 수 있어야 한다. 내가 하는 이 일이 왜 해야 하는 것이며, 실현하려는 방법이 무엇인지 구체적으로 정리할 수 있어야 한다. 과연 내 머릿속은 선명한가?

우리는 하루에도 수없이 많은 생각을 한다. 수많은 생각의 가지들이 내 머릿속을 복잡하게 만든다. 기획서를 만들기 위해 수많은 자료를 수집한다. 막상 기획서를 작성하려 시작하면 도대체 무엇을 어떻게 담아야 할지 도무지 감이 안 잡힌다. 너무 많은 정보가 생각 정리를 방해한 것이다. 정보가 많다고 해서 복잡한 생각이 선명하게 정리되는 것은 아니다. 무엇이 중요한 것인지 가려낼 수 있어야 한다.

㈜심테크 대표인 정영교 대표의 저서 「프로젝트 능력」에서는 생각 정리를 잘하기 위해서는 좌뇌와 우뇌를 잘 사용해야 한다고 말한다. 좌뇌는 논리적인 사고를 한다. 우뇌는 이미지, 음악, 미술 등 예술적인 감각을 담당한다. 논리적인 사고를 담당하는 좌뇌는 복잡한 생각을 수렴하는 영역을 담당한다. 창조적 사고를 담당하는 우뇌는 생각을 발산하고 전체를 조감하는 영역을 담당한다. 좌뇌와 우뇌를 동시에 자유자재로 활용할 수 있어야 한다. 일을 시작할 때는 자료를 수집하고, 아이디어를 만들어 내고, 생각을 발산하여야 한다. 일을 마무리할 때는 수많은 자료 중에 필요한 자료를 뽑아내고, 생각의 덩어리를 구성하여 목표를 향해 모아져야 한다. 좌뇌와 우뇌를 활용하는 종합적 사고력이 창조적 대안을 만들어 낸다. 마치 라면을 끓일 때 물을 끓이고, 라면과 수프, 달걀, 파 등을 넣고 적정한 시간 동안 최고의 화력으로 끓인 다음, 마지막에 가장 맛있는 시간에 맞춰 불을 끄고 맛있게 먹는다. 하나의 점에서 시작하여 팽창의 과정을 거쳐 목표로 하는 하나의 끝점을 향해 서서히 수렴하는 럭비공 모양의 과정처럼 말이다.

결국 내가 아는 것과 모르는 것의 경계를 아는 것과, 결정적 순간에 왜, 무엇을, 어떻게 해야 하는지 결정하는 것 등은 생각을 잘 정리하는 것에서 시작된다. 우리의 삶은 선택과 결정의 연속이다. 해야 할지 하지 말아야 할지, 가야 할지 말아야 할지 결정해야 한다. 이때 필요한 것이 생각 정리다. 수많은 걱정과 미래에 대한 불안 등으로 복잡한 머릿속의 자잘한 생각들을 과감히 쳐내야 한다. 질문하며 한 발 더 들어가 생각해 보는 지혜가 필요하다. 질문에 질문을 더하면 문제해결의 본질에 접근하게 된다. 끝까지 파고드는 몰입이 삶에서 통찰을 불러오고, 결국 창의적인 대안을 끌어낼 것이다.

필자는 생각 정리를 하는 유용한 도구로 씽크와이즈라는 마인드맵을 사용한다. 문제해결을 해야 하는 주제를 적어보고 문제해결을 위한 다양한 방법들을 브레인스토밍 하듯이 적는다. 유사한 것은 묶고 그렇지 않은 것을 분류하는 구조화 과정을 거친다. 하나의 이미지로 전체와 세부적인 부분을 동시에 보면서 종합적 사고를 하는 것이다. 좌뇌와 우뇌를 동시에 사용하는 것이다. 종합적인 사고 과정에서 번뜩이는 창의적 대안을 찾아낼 수 있다.

인생을 살아가는 지혜는 내가 알고 있는 것과 모르는 것의 경계를 분명히 아는 것이다. 과연 내가 할 수 있는 것인지, 그렇지 못한 것인지, 해야 할 일인지, 하지 말아야 할 일인지를 알 때 비로소 내가 무엇을 해야 하는 지를 분명히 알게 된다. 생각을 정리하는 과정에서 '안다는 느낌'에서 벗어날 수 있다. 일에서, 일상에서 문제해결의 '결정적인 순간'에 씽크와이즈를 활용해 생각을 정리하면 좋겠다. 복잡한 문제를 해결하는 좋은 방법이다.

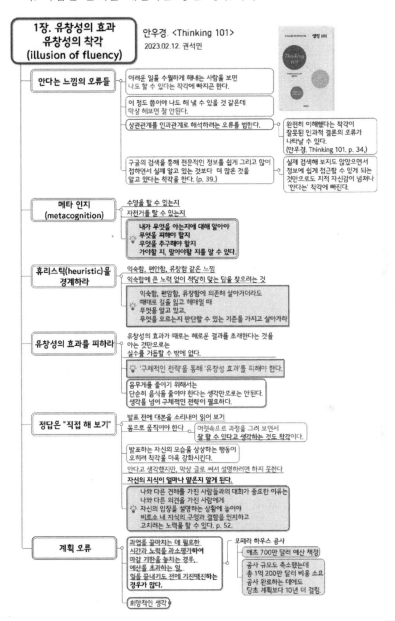

1장. 유창성의 효과
유창성의 착각
(illusion of fluency)

안우경. 〈Thinking 101〉
2023.02.12. 권석면

- **안다는 느낌의 오류들**
  - 어려운 일을 수월하게 해내는 사람을 보면 나도 할 수 있다는 착각에 빠지곤 한다.
  - 이 정도 쯤이야 나도 해 낼 수 있을 것 같은데 막상 해보면 잘 안된다.
  - 상관관계를 인과관계로 해석하려는 오류를 범한다.
    - 완전히 이해했다는 착각이 잘못된 인과적 결론의 오류가 나타날 수 있다. (안우경, Thinking 101. p. 34.)
  - 구글의 검색을 통해 전문적인 정보를 쉽게 그리고 많이 접하면서 실제 알고 있는 정보보다 더 많은 것을 알고 있다는 착각을 한다. (p. 39.)
    - 실제 검색해 보지도 않았으면서 정보에 쉽게 접근할 수 있게 되는 것만으로도 지적 자신감이 넘쳐나 '안다는' 착각에 빠진다.

- **메타 인지**
  (metacognition)
  - 수영을 할 수 있는지
  - 자전거를 탈 수 있는지
    - 💡 내가 무엇을 아는지에 대해 알아야 무엇을 피해야 할지 무엇을 추구해야 할지 가야할 지, 말아야할 지를 알 수 있다.

- **휴리스틱(heuristic)을**
  경계하라
  - 익숙함, 편안함, 유창함 같은 느낌
  - 익숙함에 큰 노력 없이 적당히 맞는 답을 찾으려는 것
    - 💡 익숙함, 편안함, 유창함에 의존해 살아가더라도 때때로 길을 잃고 헤맬 때 무엇을 알고 있고, 무엇을 모르는지 판단할 수 있는 기준을 가지고 살아가라

- **유창성의 효과를 피하라**
  - 유창성의 효과가 때로는 해로운 결과를 초래한다는 것을 아는 것만으로는 실수를 거듭할 수 밖에 없다.
    - 💡 '구체적인 전략'을 통해 '유창성 효과'를 피해야 한다.
  - 몸무게를 줄이기 위해서는 단순히 음식을 줄여야 한다는 생각만으로는 안된다. 생각을 넘어 구체적인 전략이 필요하다.

- **정답은 "직접 해 보기"**
  - 발표 전에 대본을 소리내어 읽어 보기
  - 몸으로 움직여야 한다 ─ 머릿속으로 과정을 그려 보면서 잘 할 수 있다고 생각하는 것도 착각이다.
  - 발표하는 자신의 모습을 상상하는 행동이 오히려 착각을 더욱 강화시킨다.
  - 안다고 생각했지만, 막상 글로 써서 설명하려면 하지 못한다
  - **자신의 지식이 얼마나 많은지 알게 된다.**
    - 💡 나와 다른 견해를 가진 사람들과의 대화가 중요한 이유는 나와 다른 의견을 가진 사람에게 자신의 입장을 설명하는 상황에 놓어야 비로소 내 지식의 구멍과 결함을 인지하고 고치려는 노력을 할 수 있다. p. 52.

- **계획 오류**
  - 과업을 끝마치는 데 필요한 시간과 노력을 과소평가하여 마감 기한을 놓치는 경우. 예산을 초과하는 일. 일을 끝내기도 전에 기진맥진하는 경우가 많다.
    - 오페라 하우스 공사
      - 애초 700만 달러 예산 책정
      - 공사 규모가 축소했는데 총 1억 200만 달러 비용 소요 공사 완료하는 데에도 당초 계획보다 10년 더 걸림.
  - 희망적인 생각

챗GPT시대의 경쟁력, 핵심을
찾는 질문의 힘

요즘 챗GPT가 연일 화제다. 3월 17일에는 마이크로소프트가 챗GPT를 MS오피스(워드, 엑셀, 파워포인트, 아웃룩, 액세스, 원노트 등)에 적용한 코파일럿(Copilot, 인공지능 인턴) 출시한다고 발표했다. 챗GPT를 잘 사용하기 위해선 내가 알고자 하는 핵심이 무엇인지 구체적으로 질문해야 원하는 답을 얻게 된다. 챗GPT에 '여행을 갈 만한 곳이 어디냐'고 막연히 질문하면 "여행 갈 만한 곳은 많습니다! 하지만 여행은 개인의 취향과 상황에 따라 다르므로, 추천해 드리기 전에 여러 가지 요소를 고려해야 합니다. 예산, 여행 기간, 여행 스타일, 관심사 등이 있습니다. 여행을 계획할 때는 이러한 요소들을 고려하여 계획을 세우는 것이 좋습니다."라고 답을 한다. 4월에 초등학생과 함께 체험할 수 있는 경기도 근처의 장소를 추천해 달라고 질문하면 파주 유원지, 가평 레일 바이크, 고양 평화누리 공원, 덕수궁 한복 문화체험장, 용인 에버랜드를 추천해 준다. 질문이 상세할수록 보다 유용한 정보를 준다.

레고는 1990년대 비디오게임 때문에 점차 매출이 줄고 있었다. 2004년에는 최대 적자를 내기도 했다. 레고는 덴마크의 한 컨설팅 회사를 찾아 도움을 청했다. 이 회사는 다른 컨설팅 회사와 다른 질문으로 문제를 바라봤다. '아이들이 어떤 장난감을 좋아할까'가 아니라 '아이들에게 놀이란 무엇인가'라고 질문했다. 아이들을 관찰했고 놀라운 사실을 발견했다. 아이들은 쉬운 것에 즐거움을 찾기도 하지만 오랜 시간을 들여 만들어 낸 후 더 큰 즐거움을 느끼는 걸 알아냈다. 레고는 힘이 들고 시간도 오래 걸리지만 혼자 만들어 낸 후 성취감을 맛볼 수 있는 블록 장난감을 개발했다. 질문의 수준이 문제해결의 질을 결정한다.

질문하는 순간 생각하기 시작한다. 강연에서도 강사가 질문을 하면 듣는 사람은 생각하게 된다. 리더십과 조직 커뮤니케이션 분야 전문가인 김호 작가는 강연을 시작할 때 "여기 앉아있는 분들이 강의가 끝나고 한 가지만 가져갈 수 있다면 그게 무엇인지 생각해 봤습니다."라고 말하면서 강의를 시작한다. 강의를 듣기 전과 들은 후 비교해서 변화가 일어날 수 있기를 바라는 메시지를 명확히 하기 위함이다.

필자는 올해 살면서 지켜야 할 핵심 원칙으로 추상어 말고 구체어를 쓰기로 정했다. 구체어를 쓸 때 뇌가 자극되고 집중할 수 있기 때문이다. 단순히 가볼 만한 곳을 써보는 것과 달리 화성시에 초등학생 6학년과 몸을 움직이며 체험할 수 있는 장소는 어디일까 질문하며 적으면 답의 수준이 달라진다. 일터에서도 마찬가지다. 막연했던 것을 질문으로 구체화하면 핵심이 무엇인지 보인다. 이 보고서에서 하고 싶은 말이 무엇인지? 이 프로젝트는 왜 필요한지? 어떤 효과가 있는지 구체적으로 질문하면 명확한 답을 찾아낼 수 있다.

2023년 화성시 적극행정 추진계획을 수립해야 했다. 신년사에서 시정 방향이 무엇인지 키워드를 찾아봤다. 오래된 것을 고치고 새롭게 세운다는 뜻의 '혁고정신(革故鼎新)'을 우선으로 내세웠다. 적극행정 추진계획에도 혁신을 첫 번째로 추진해야 할 우선 과제로 삼았다. 두 번째로 연도별 적극행정 정책의 흐름을 질문해 봤다. 2020년 도입기, 2021년 확산기, 2022년을 성장기로 볼 수 있고, 그렇다면 2023년은 확고한 적극행정 조직문화 조성으로 보기로 했다. 두 번째로 적극행정 추진 방향을 기본으로 정했다. 기본은 모든 일의 기초가 되는 일이기 때문이다. 세 번째로 신년사에 소통을 강조했고 소통담당관이라는 조직이 신설됐기 때문에 적극행정도 소통을 중심으로 추진 방향을 정했다. 질문하며 생각을 정리하는 과정에서 답을 찾아냈다.

보통의 사람이 똑똑해 보이는 방법이 있는데, '묻는 말에 핵심을 답'하는 거다. 신수정 작가의 저서 <일의 격>에 나오는 말이다. 흔히 묻는 말에 간략히 핵심을 답해야 하는데 에둘러 변두리의 것을 이야기한다. '예산이 얼마나 드나요'라고 하면 '꽤 들 것 같습니다'라고 답하고, 이번에 프로젝트는 '어떤 방향으로 추진하려 합니까'라고 하면 '전문 업체에 물어보겠습니다'라고 답한다. '프로젝트가 어느 정도 진척됐나요'라는 질문에는 '저명한 연구진으로 구성하여 연구용역을 진행 중이며, 연구모임도 만들고, 사례를 수집에 분석할 예정입니다'라고 장황하게 답을 한다. 상사는 화가 나서 그건 방법을 이야기한 거잖아, 방향을 말해야지 답답해한다. 핵심을 답하기 위해서는 평소 질문으로 생각을 적어보고 구조화하면 도움이 된다.

챗GPT에서 원하는 답을 얻는 방법은 질문으로 생각을 정리하는 것이다. 한마디로 요약하면 뭐라 말할 것인가? 한 문장으로 요약한다면 어떻게 쓸 수 있을까? 왜 이런 일을 해야 하는 거지? 이 프로젝트의 핵심은 무엇일까? 업의 본질은 무엇인가? 내 주장을 한마디로 표현한다면 뭐라 할 수 있을까? 그래서 뭐 하자는 거지? 질문하면 명확해진다. 생각이 정리된다.

생각 정리 도구를 활용하는 것도 좋은 방법이다. 비용과 이익, 장ㆍ단점처럼 상대 또는 반대되는 개념으로 정리해 보는 방법도 좋다. 과거-현재-미래와 같은 시간 순서를 활용하는 방법과 Plan-Do-See-Check과 같은 절차와 R & D-제조-영업-After-service처럼 구성 요소 등으로 구조화하는 방법도 있다. 전략개발(SWOT, 기회요인, 위협요인, 강점, 약점)처럼 이미 잘 알려진 구조를 사용하는 것도 방법이다. 씽크와이즈와 같은 디지털 마인드맵 프로그램을 활용하여 쉽게 구조화하는 방법도 추천한다. 생각의 덩어리들을 서로 연관성이 있는 것끼리 묶어보고 자꾸 단순화해 가면 핵심에 가까워진다. 핵심이 무엇인지 질문해 보면 원하는 답을 찾을 수 있다.

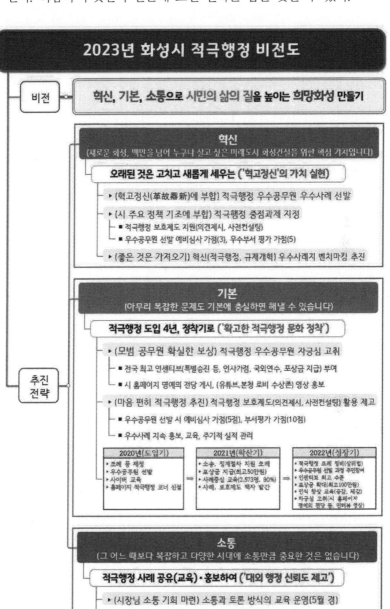

기획의 시작점

* 정리: 권석민, 씽크와이즈 전문가

왜 이 일을 하는지 고민하다 Why First, Always
- 출처: 박소연, 〈일잘하는 사람은 단순하게 합니다〉

기획이란
- 기획이란 어떤 대상에 대해 그 대상의 변화를 가져올 목적을 확인하고, 그 목적을 성취하는 데에 가장 적합한 행동을 설계하는 것을 의미한다.
- 우리는 일상에서 매일 '기획(企劃, planning)'한다

WHY는 베이스캠프이자 이정표다

기획 企劃, planning 이란
- ①어떤 대상에 대해
- ②그 대상의 변화를 가져올 목적을 확인하고,
- ③그 목적을 성취하는 데에
- 가장 적합한 행동을 설계하는 것을 의미한다
  Planning it the process of thinking about the activities required to achieve a desired goal. – Business dictionary.com

목적
- 대상의 변화를 가져올, 열망하는 목적
- WHAT(무엇은 목적이 아님
  - 여름휴가가, 캐시미어가, 부모님의 환갑 기념 자체가 우리의 열망하는 목적 그 자체는 아님
  - 여름휴가를 통해 '뾰족하고 날카로워진 일상의 독을 지워내고
  - 오랫동안 간직한 추억과 힘을 충전받아 오는 것 등과 같은 것이 진짜 목적(desired goal)

사이먼 사이넥(Simon Sinek) 〈나는 왜 이 일을 하는가, Start with Why〉
- 왜 Why 대신 무엇 What이나 어떻게 How에 연연한다고
- 문제를 해결하기 위해서 목적 또는 열망(Why)에서 시작
- 평범한 방식
  - 매우 아름다운 다자인에, 쉽게 이용할 수 있고 편리함.
  - "우리는 훌륭한 컴퓨터를 가지고 있습니다.(What)
- 비범한 방식
  - 우리는 기존의 현상에 도전하고, 남들과 다르게 생각한다는 것을 믿습니다.(Why)
  - 기존의 현상에 도전하는 우리의 방식은 제품을 아름 다자인하고, 간단히 사용할 수 있게 하고, 편리하게 것입니다.(How)
  - 우리는 방금 훌륭한 컴퓨터를 만들게 되었습니다.(What)

진짜 열망(Desired Goal=Why)을 찾다
- How(방법)부터 섣불리 나열한 기획은 공격하기에 너무 쉬운 타깃이다.
- 왜 그 많은 How(방법) 중에 그걸 콕 집어서 선택한 거죠?
- 특별한 이유가 있나요?
- 문장의 단어 하나하나를 쪼개어 질문을 만들어 보기
- 질문이야말로 Why를 찾는 정말 좋은 안내자

기획은 호기심에서 시작된다. 기획은 언제 하는 것인가? 불균형 상태를 인지할 때 기획하는 것이다. 기획은 문제를 발견하는 과정에서 진행된다. 바람직한 상태를 달성하기 위한 수준과 현재 상태의 차이를 해결하는 것이 바로 기획의 시작점이다. 기획은 불편함을 보는 질문에서 시작된다.

기획을 불러일으키는 순간은 언제일까? 여러 상황이 있겠지만, 전혀 예상하지 못한 일이 발생했을 때 기획의 필요성이 나타난다. 예를 들어, **시에 연쇄 폭행범 ***가 출소 후 **대학교 근처로 거주지를 정할 줄은 생각하지 못한 일이다. 거주지로부터 50미터 떨어진 곳에 초등학교가 있다. 문제가 생긴 것이다. 이를 해결하기 위해선 ***가 다른 곳으로 가야 한다.

***가 다른 곳으로 가게 하기 위해선 무엇을 해야 할까? 시민들이 법무부에 시위하는 방법이 있다. 언론을 통해 공론화 방법도 있다. 빌라를 전세 준 집주인의 소송도 있을 수 있다. 법으로 초중고, 유치원, 어린이집 등 일정 거리 안에 성범죄를 저지른 사람이 거주할 수 없도록 법을 제정을 건의하는 방법도 있다. 이처럼 예상하지 못한 일이 일어날 때 문제를 인식하게 되고 해결할 방안을 고민하기 시작한다.

기획을 잘하기 위해서는 문제를 잘 정의해야 한다. 원인이 무엇인지, 어떻게 발생한 것인지 질문해 보고 정의한다. 문제해결 방안에 대한 아이디어를 끄집어내고, 자료 수집을 한다. 최적의 해결안을 찾아낸다.

중요한 것은 본질에 가까운 문제가 해결되는지 확인해야 한다. 근원적인 해결 방안을 제시하는 것이 관건이다. 근원적인 해결 방안은 목표가 아닌 목적을 생각해야 한다. 일에서 성과를 냈다고 해서 근원적인 목적이 달성되었다고 볼 수 없다. 학교에서 스스로 꿈을 찾고 나아갈 힘을 길러주어야 하는데 대학교 진학에만 목표를 두면 안 되는 이치다.

기획은 불균형을 인식하고 균형을 잡고자 하는 인식에서 시작된다. 예상하지 못한 일, 진행과정 상의 취약점, 불일치, 인식의 변화, 새로운 트렌드 등이 있을 때 기획의 필요성이 나타난다. 기획을 잘하기 위해서는 평소 조직의 목표와 지향점에 민감해야 한다.

조직이 나아갈 방향과 내 위치에서 기준점을 맞춰야 한다. 조직의 목표와 나의 목표를 일치시키고 달성하고자 하는 목표를 명확하게 설정한다. 목표에 다가가기 위한 일정도 분명히 한다. 시기마다 해야 할 일들을 정의하고 관리하며 실행에 옮겨야 한다.

자기를 되돌아보지 않는 사람은
앞으로 나아갈 수 없다

보고서에는 자기 생각을 알 수 없는 보고서가 있다. 회의가 끝나면 결과 보고를 한다. 일시, 장소, 참석자, 주요 내용, 향후 계획으로 마무리한 보고서를 있다. 묻는다. 회의를 통해 조금 더 나은 방향으로 나타난 것은 무엇인가? 회의 **내용과 결과**는 만족할 만한 수준이었나? 그렇지 않다면 무엇이 문제였나? 문제를 발견했다면, 어떤 점을 보완해야 할까? 보고 받는 사람이 볼 때 이 회의는 왜 했고, 어떤 결과가 있었고, 무엇을 하겠다는 방향의 내용이 있나? 고민의 흔적이 보이지 않는다. 문제는 피드백을 있어도 반복된다는 것이다.

필자는 이러한 현상은 자신을 사랑하지 않기 때문이라고 본다. 나를 사랑한다면 조금 더 높은 태도로 일을 바라볼 것이다. 내 일을 낮은 수준에서 마무리하지 않을 것이다. 과연 이게 최선인가 질문해 봐야 한다.

일에는 나 자신이 녹아 있다. 똑같은 일인데도 A라는 사람이 한 것과 B라는 사람이 한 것에는 분명한 차이가 있다. 삶은 그 삶을 바라보는 태도에 따라 달라진다. 보고서를 작성할 때 문장 하나, 단어 하나, 어미와 조사 하나에 신경을 쓰고 바라볼 때 보고서의 수준은 완전히 달라진다.

보고서를 작성한 본인이 나는 보고서를 잘 쓴다고 내세우지 않아도 보고서를 읽는 사람은 느낀다. 일을 바라보는 1%의 차이가 일의 성과에서는 100%로 차이 날 수도 있다.

타인을 배려하는 마음은 나를 존중할 때 나타난다. 타인을 위한 보고서는 나를 위한 보고서와 같다. 타인이 읽기 쉽고, 전달하고자 하는 메시지를 분명하고 쉽게 이해할 수 있도록 작성하는 것은 내가 읽기 쉽고, 내가 아는 것을 명확하게 정리하는 거다.

"탁월한 사유의 시선"(최진석 교수의 책 이름)이 "삶의 품격"을 좌우한다고 생각한다. 1년, 2년을 일을 해도 일의 수준이 나아지지 않는 이유는 자기를 성찰하지 못했을 가능성이 높다. 무엇을 잘하고 무엇이 부족한지 인지해야 한다. 사소한 것도 그냥 흘려보내지 않는 예민함이 필요하다.

실력은 근무연수에 비례하지 않는다. 부단한 자기 성찰과 되돌아보면서 조금 더 나은 사람이 되려는 마음과 태도가 없다면 실력은 처음 들어왔을 때 수준에 머물러 있을지도 모른다.

더 위험한 것은 시간이 흘렀다고 그만큼 대우받으려 하는 것이다. 직급이 올라간다고 똑같은 사람은 아니다. 직위에 걸맞은 실력을 갖춰야 한다. 그래야 덜 창피하다. 실력이 뒷받침된 평판을 추구해야 한다.

공무원이 말하는 성과 만들기 습관

필자가 근무하는 규제개혁팀은 적극행정과 규제개혁 업무를 한다. 적극행정은 코로나19, 디지털 전환, 기후변화 등 행정환경이 급변함에 따라 행정에서도 유연한 변화가 요구되어 나타났다.

어느 신문에서는 '산업에 대한 규제보다 그 규제를 관장하는 공무원이 더 문제라고 인식한다'는 기사를 본 적이 있다. '우리 소관이 아닌데요', '전례가 없어요'라며 책임을 회피한다고 소개한다. 급변하는 환경에서 행정이 위기에 대응하기 위해서는 적극적 문제해결자와 조정할 수 있는 역할이 공무원에게 요구된다. 헌법, (지방) 공무원법, (지방) 공무원 적극행정 운영규정 등을 제.개정하여 적극행정을 하도록 명시화 했다.

공공조직에서 적극행정이 잘 정착되도록 하기 위해서는 적극행정 조직문화 조성이 중요하다. 모범이 되는 적극행정을 한 공무원에게는 특별승진, 특별승급, 성과급 최고등급, 특별휴가, 인사가점, 국외출장 기회 부여 등 파격적인 인센티브를 제공하는 제도도 마련되어 있다.

행정안전부에서는 적극행정 종합평가 제도를 만들어 적극행정 우수기관을 선정하여 포상을 주고 있다. 화성시는 2022년에 적극행정 종합평가에서 우수기관으로 선정되었다. 우수기관으로 선정 받기 위해 평가지표를 달성하기 위한 제도 운영에 힘을 썼다. 적극행정

명예의 전당, 실무공직자 적극행정 현장교육, 참여를 통해 공감하는 적극행정 교육, 적극행정 유튜브 영상 제작, 과감한 인센티브 제공, 사례집 발간, 부서 현황판에 적극행정인 표시 등 타지자체에서 하지 않는 새로운 시책을 추진했다.

규제개혁 업무도 담당한다. 규제는 만들어짐과 동시에 개정의 수요가 발생한다. 아무리 제정 과정에서 타당하고 합리적으로 규제를 만들었다 하더라도 사회적 환경의 변화에 따라 불합리성이 존재하기 때문에 규제를 모니터링하고 낡은 규제는 개선해야 한다. 행정안전부에서는 지방자치단체에서 규제개혁업무가 잘 이뤄지도록 하기 위해 평가 제도를 두고 있다.

지방자치단체 규제혁신 인증제도를 운영하는데 2022년에 화성시가 인증 우수기관으로 선정되어 제정 인센티브인 특별교부세 3천만 원을 획득하였다. 또한, 새 정부 지방규제혁신 평가에서 우수기관으로 선정되어 3억 원의 특별교부세를 획득하여 시 재정에 보탬이 되었다.

경기도에서는 매년 시군 규제합리화 경진대회를 한다. 2022년 적극행정 경진대회에서 최우수기관, 2022년과 2023년 연속으로 규제합리화 경진대회에서 우수기관 표창을 받았다. 경진대회에서 우리 팀의 역할은 좋은 과제를 발굴하여 경진대회에 참여할 수 있도록 만들어 내는 것이다. 정부합동평가 대비 경기도 시군종합평가에서 우리 팀이 달성해야 할 지표가 4개가 있는데 4개 지표 모두 3년 연속 S등급을 달성했다.

우리 팀이 받을 수 있는 상은 모두 받은 것이다. 어떻게 이런 성과를 낼 수 있었을까? 우리 팀은 명확한 목표 설정을 하고 있었다. 연초 각 업무 분야별 목표를 설정하고 비전, 전략, 추진계획, 일정을 구체적으로 세웠다. 씽크와이즈라는 디지털 마인드맵으로 목표와 일정을 명확히 했다.

업무에 적용된 디지털 마인드맵은 팀장이 작성하는 내용과 팀원이 작성하는 내용이 실시간으로 적용된다. 팀장과 각각의 팀원이 일의 진행 속도, 과정 등을 한눈에 볼 수 있다. 자신이 해야할 일을 기록하면서 생각을 명확히 할 수 있다. 처리한 일을 기록하면서 부족한 점이 무엇인지 파악할 수 있었다. 일의 진행 상태를 수시로 확인하였다.

평가를 잘 받기 위해서는 때가 중요하다. 때를 놓치면 실적을 증빙할 수 없다. 시기 적절하게 성과 달성을 위한 노력을 해야 한다. 작은 미션들에 추진전략, 추진계획, 명확한 일정으로 실행하도록 만드는 것이 핵심이었다. 각각의 작은 미션들은 하나의 프로젝트였다. 프로젝트가 시작되면 계획을 세우고, 전략, 추진계획, 평가, 알림(언론보도) 등이 반복되는 것이다.

우리 팀의 업무는 상급자들의 관심이 많지는 않다. 잘하면 좋은 거고, 못해도 크게 잘못될 일이 **없기 때문이다.** 예산이나 회계, 인사, 조직, 시민들과 직접 관련된 업무 등 당면 현안업무들은 문제가 생기면 큰 타격을 입을 수 있다. 적극행정과 규제개혁 업무는 안 하면 당장에는 큰일이 없는 것처럼 보이지만 방치하면 안 되는 업무로 보면 된다.

업무 중요도가 낮은 업무에서 성과를 내기 위해 시기 적절하게 업무를 처리하는 것이 과연 쉬운 일일까? 개인이 자기경영이 중요하듯 일터에서도 주도적인 마음가짐이 중요하다.

누가 있건 없건 지시를 받던 안 받던 개의치 않고 오로지 자신의 목표를 향해 달려가는 힘을 꾸준히 발휘해야 한다. 승진과 보상을 위해 일하는 것이 아닌 오로지 일 자체에 의미를 두고 일하는 자신과 좋은 행정이 이뤄져 시민들의 삶의 질이 높아질 수 있다는 목적을 향해 우직하게 걸어가야 한다.

평가를 잘 받기 위한 노력은 중요하다. 업무의 동기부여가 되며, 자신감을 얻을 수 있고, 대외적인 시 이미지를 높이는데 큰 도움이 되기 때문이다.

이 일을 왜 해야 하는지, 무엇을 목적으로 하는지, 우리 팀은 왜 있고 어떤 역할을 해야 하는지, 어떤 태도로 어떤 방식으로 어떤 감각으로 일을 해야 하는지를 끊임없이 고민하고 발전해 나가야 한다. 지금까지 그렇게 해왔고 앞으로도 그렇게 해 나갈 것이다.

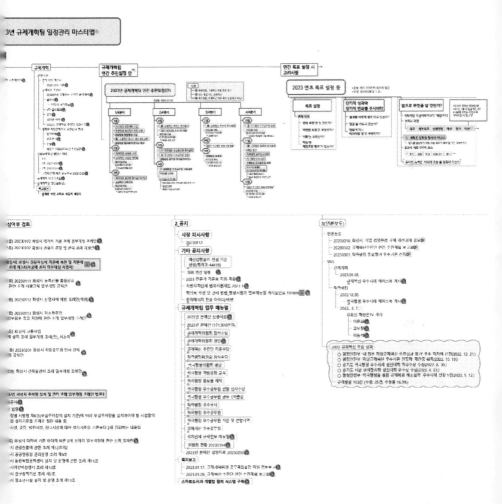

3년 규제개혁팀 일정관리 마스터맵

나를 바꾸는 시간. 희망화성 적극
행정 공감교육

스스로 교육을 신청한 여러분이 적극행정인입니다

"아모르 파티 Amor fati라는 말, 당신의 운명을 사랑하라는
이 말은 굉장히 강한 의지를 가진 말입니다."
그럼에도 불구하고 인생을 사랑하겠다는 선언입니다.

프리드리히 니체(Friedrich Nietzsche)

적극행정의 핵심은 '새로고침'
익숙한 것을 낯설게 바라보는 태도

적극행정 조직 문화를 조성하기 위해 교육을 진행한다. 2021년 규제개혁팀장으로 보직을 받고 순천만국가정원과 국가정원박람회를 성공적으로 개최하고 지방행정의 달인이 된 최덕림 국장님을 초빙하여 진행했다.

경기도인재개발원에서 6급 핵심리더과정 장기교육 중에 최덕림 국장님께 교육을 받았었기에, 최덕림 국장님께 연락을 드렸고 흔쾌히 수락하셨다. 2,800명 전 직원을 대상으로 줌(zoom)을 통해 2개월에 거쳐 교육을 진행했다. 교육의 콘셉트는 우리나라 대표 혁신 공무원인 공직 선배로부터 듣는 경험과 사례를 배워보자는 게 목적이었다. 당시 교육 운영방식과 강사 섭외에 대해 교육받은 직원들로부터 높은 평가를 받았다. 물론 강의 내용이 훌륭했고, TEDX에 공무원으로는 처음 강연했던 이유도 있다.

2022년도에는 교육의 방향을 체함과 공감으로 선택했다. 체험은 실제 인허가, 문화, 관광 등의 업무를 담당하는 실무 주무관을 대상으로 적극행정의 현장인 순천만에 갔다. 순천만을 조성한 공무원에게 적극행정 사례를 듣는 교육이었다. 일터에서 벗어나 쉼을 통해 재충전의 기회였다. 현장에서 적극행정을 공감하고 영감을 받아 조직에 적용하자는 것이 교육 목적이었다. 교육 후 강의 평가에서 99%의 높은 만족도가 나타났다.

체험형 교육과 더불어 공감형 교육도 진행했다. 실제 적극행정의 아이디어를 적어 제안하는 방식이었다. 시장님과의 소통 시간도 마련했다. 교육대상은 8~9급 공무원이다. 시장님과 질의응답 하며 적극행정에 대해 소통하는 시간을 보냈다. 이론 교육과 토론 교육을 한 후 적극행정 아이디어를 손으로 작성해 보는 시간이 이어졌다. 작성된 제안 내용은 적극행정 사례집으로 만들어 배부했다. 화성시 홈페이지에 E-BOOK으로 게시하여 시민들도 볼 수 있도록 했다.

2023년에는 적극행정 교육 콘셉트를 혁신, 변화, 행동 3대 핵심 가치로 정했다. 디지털 전환 시대에 변화와 혁신, 그리고 업의 재정의를 통해 '나를 바꾸는 시간, 희망 화성 적극행정 공감교육'이라는 제목으로 계획했다. 강사진은 남다른 열정과 시선으로 자신의 업에 몰입하여 모범이 되는 저명한 강사 3분을 모셨다.

산업혁명과 국가발전 주제를 평생 연구하신 서울대학교 명예교수이신 김태유 교수님으로부터 대한민국, 다음 세상의 패권을 지휘하라 주제로 1교시를 구성했다. 2교시에는 업의 새로운 시선으로 재정의하여 대한민국 배움 콘텐츠 세바시 구범준 PD님의 내 업을 바꾸는 네 가지 질문이라는 주제로 강의가 진행된다. 3교시에는 업의 본질을 지키고 생과 삶의 경계에서 고군분투한 의료 경험과 선진형 중증 외상치료 시스템 구축을 위해 애쓰신 한국의 외상 진료의 아버지 이국종 교수님을 모셔서 골든아워, 적극행정의 힘이라는 주제로 강의를 진행하도록 구성했다.

교육을 진행하면 여러 가지 일들이 체계적으로 준비돼야 한다. 교육대상자를 신청 받고, 교육 대상자를 확정하여 교육에 참여할 수 있도록 공문을 시행한다. 중간중간에 문자 메시지를 보내서 교육의 불참자가 생기지 않도록 한다. 교육 장소를 정해 대관 하고 점심도 예약한다. 교육대상자 출석부를 만들고 강사 소개, 교육 안내 프레젠테이션도 준비한다. 교육을 진행하는 시나리오도 작성한다. 강사를 소개하는 문구도 작성하고 실제 연습도 해 본다. 교육장 세팅도 점검하고 현수막, 배너 등도 준비해서 설치한다. 노트북, 마이크 등도 준비하고 점검한다. 교육생들이 먹을 다과와 음료도 준비하고, 교육 설문조사도 만들어서 교육 당일 교육생에게 문자 전송하여 교육 만족도 등을 파악한다. 언론보도도 작성하여 홍보 담당 부서와 사전 협의한다. 교육이 종료되면 교육 결과 보고를 한다. 교육 수료생 알림을 보내고, 상시 학습인정 시간도 알려주고 시스템에 등록한다. 교육 사진 자료, 언론보도, 교육 만족도 결과 등을 모아서 연말에 사례집 발간할 때 사용한다. 일련의 과정이 다 쓸모가 있다. 매년 바뀔수록 교육 운영방식도 발전시키려고 노력한다.

세상이 빠르게 변하고 있다. 급변하는 환경 속에서 지켜야 할 것과 그렇지 않은 것을 생각해 보고 나를 바꾸는 시간이 필요하다고 판단했다. 개리 하멜의 원숭이 실험처럼 바나나를 먹으러 올라가려는 원숭이를 끌어내리면 올라가 봐야 소용없다고 야단치는 동료 원숭이들의 모습이 우리 조직의 모습이 아닐까 생각해 본다. 오히려 새로운 것을 향해 달려가는 모습을 응원하고 실패하더라도 도전하며 조금씩 성장하는 모습을 칭찬하는 조직문화가 필요하다.

조직을 구성하는 조직 구성원 자신이 동기부여를 하고 행동하며 변화하는 모습을 기대하고 교육을 구성했다. 질문하면 해야 할 일을 알 수 있다. 교육의 콘셉트, 운영 방향, 운영 방법, 의미 도출을 높은 수준에서 결과를 나타나게 하려면 질문을 잘해야 한다. 전년도와 다르게 발전적인 모습을 보이려면 어떻게 해야 하지? 교육생을 많이 모이도록 하려면 어떻게 홍보하여야 할까? 강사 섭외는 누구로, 어떻게 해야 하지? 교육 당일 준비해야 할 사항은 무엇이지? 질문해야 해야 할 일이 눈에 보인다. 질문하지 못하는 사람은 해야 할 일이 무엇인지 모른다. 타인의 생각에 끌려가지 말고 자신이 주도하고 주관하며 생산하는 사람이 되자.

내 인생은 내가 만드는 것이다

1. 일상이 배움이다

하루하루 만나고 이야기하는 사람들이 모두 내게 가르침을 준다. 그들이 내게 했던 질문과 내가 답한 내용을 되새겨 본다. 질문에 대한 답을 잘했던가? 나의 문제를 다른 사람에게 넘기려 하진 않았는가? 파트너십이 아닌 상하관계로 대하진 않았는가? 대우받지 못했다고 아쉬워하지 않는가? 지금의 위치에 대해 섭섭하지는 않았는가? 나의 말이 생각을 정확하게 전달했던가?

몇 명 만나지 않았다고 생각해도 하루 일과 중에 스스로에게 질문했던 많은 일들이 있었음을 알 수 있다. 하루하루가 배움이다. 내 주변에 일어나는 모든 일들이 내게 자극을 주고 반응한다. 자극에 대한 반응이 적절했는지 다시 생각해 본다. 자극이 주어졌을 때 즉각적인 반응보다 깊은 생각을 한 후 대응을 했다면 어땠을까? 어쩌면 조금 더 배려하고, 조금 더 통찰력 있는 답을 할 수 있지 않았을까?

순간에 나의 감정에 매몰되어 낮은 수준으로 답을 하진 않았는가? 내면이 단단해야 한다. 겸손한 마음가짐, 배우려는 자세, 애쓰려는 태도, 진정성을 갖추려는 마음이 내가 추구하는 가치다. 순간순간의 감정에 치우치지 말자. 내면의 힘을 키워야 한다. 흔들림 없는 강인한 마음을 가져보자.

2. 자동화를 만들자

집에 오면 저녁을 먹고, 아이들과 대화를 나눈다. 씻고 책을 읽는다. 책이 손에서 떨어지는 법이 없다. 책을 읽다가 눈에 안 들어오면 걷는다. 걷다 보면 생각이 정리되는 느낌을 받는다. 의지가 올라오는 느낌과 내면의 자존감이 높아짐을 느낀다.

숲이 아닌 가지만 바라봤던 마음을 넓게 펴서 전체를 보려 한다. 걷다 보면 옹졸했던 마음이 넓어진다. 눈앞에 이해타산을 따지던 작은 마음에서 벗어나 긴 관점으로 바라본다. 걷고 와서 다시 노트북을 켜고 글을 쓴다. 일부러 하지 않아도 몸이 움직인다.

애쓰지 않아도 자동으로 몸이 움직이게 하자. 좋은 습관은 자동화를 만드는 것이다. 의식하지 않아도 몸이 먼저 움직이는 것이다. 좋은 습관을 만드는 것은 내 의지에 달려있다. 자동화를 만드는 가장 좋은 방법은 죽음을 생각하면 된다. 당장 내일 죽는다고 생각하면 지금 당장 해야 할 일이 생각난다. 후회 없는 삶을 살자. 늦었다고 생각할 때가 가장 빠르다는 말은 진리다. 시간이 지난 다음에 그때 더 열심히 할 걸이라는 말은 가장 어리석은 말이다. 이 순간에 집중하자.

일터에서도 마찬가지다. 후회 없는 삶을 산다. 어차피 이 시간은 다시 돌아오지 않는다. 순간순간에 최선을 다하려 애쓴다. 질문하고 답하면서 문제의 범위를 축소한다. 리더라면 팀원들과 함께 팀을 잘 유지하며 목표 달성을 위해 동기부여 하는 방법을 자동화한다. 자동화는 좋은 습관이다. 일부러 애쓰지 않아도 몸이 알아서 움직이는 것이 자동화다. 자동화가 잘 되어 있는 사람은 무엇을 해도 잘 해낼 수 있다.

3. 긴 관점에서 삶을 대하자

우리는 순간의 이익과 불이익을 생각한다. 이 일이 내게 유리한지 불리한지를 따져 묻는다. 자신에게 불리하면 회피하려 한다. 하지만 당장 내가 이 일을 하면 바보 같아 보일지 모르는 일이라도 긴 관점에서 배움이 되는 일이라 생각하면 어떨까? 인생은 짧은 질곡의 역사가 모여서 하나의 긴 서사로 만들어진다. 길고 큰 관점에서 삶을 대하면 순간의 어려움을 즐거운 마음으로 바꿔낼 수 있다.

당장은 하기 싫은 일이라도 자신에게 배움을 주는 일이라고 여기면 마음이 한결 가벼워진다. 어쩌면 내 안에 숨겨져 있던 나를 새롭게 만나는 기회가 올지도 모른다. 자신의 관점을 바꿔 어려운 상황도 배움의 기회로 만들어 보면 좋겠다.

긴 관점에서 삶을 대하자. 아무리 어려운 일이 오더라도 기회로 만들 수 있다. 위기는 곧 기회라는 말이 있다. 인정을 못 받는 것은 반대로 인정받을 기회가 있다는 뜻이다. 비록 지금의 내가 쓰이지 못하더라도 쓰일 수 있는 기회가 온다. 그때를 대비해 여러 가지 안목과 실력을 다져 놓는 것이 중요하다. 남들이 하지 못하는 것을 내가 하면 된다. 쓰이지 못한다면 쓰일 수 있도록 역량을 쌓으면 된다. 훗날 기회가 왔을 때 준비된 역량을 마음껏 발휘할 수 있도록 말이다.

공공조직에서도 디지털 전환 인식
수준을 높여야 한다

디지털 전환은 디지털 기술을 사회 전반에 적용하여 전통적인 사회 구조를 혁신하는 것이다. 일반적으로 기업에서 사물인터넷, 클라우드 컴퓨팅, 인공지능, 빅데이터 솔루션 등 정보통신기술을 플랫폼으로 구축, 활용하여 기존 전통적인 운영 방식과 서비스 등을 혁신하는 것을 의미한다. (한국정보통신기술협회 정보통신용어사전, 2022)

디지털 전환은 일시적인 현상이 아니다. 디지털 전환은 단계별로 진화하고 확장하는 개념이다. (송영근 외, 2022) 코로나19 이후 재택근무 등 비대면 환경이 새로운 기준으로 자리를 잡았다. 디지털 전환을 어떻게 대응하느냐에 따라 국가의 경쟁력과 운명이 좌우될 수 있는 중요한 과제이다.

UN은 회원 190여 개국을 대상으로 "전자정부 발전 지수"와 "온라인 참여지수"를 종합하여 2022년부터 2년마다 평가하고 있다. OECD는 2018년부터 2년에 걸쳐 총 33개국을 대상으로 '디지털 우선 정부(Digital by design), 플랫폼 정부(Government as a platform), 데이터 기반 정부(Data-driven public Sector), 열린 정부(Open by default), 국민 주도형 정부(User-Driven), 선제적 정부(Proactiveness) 등 6가지 평가항목을 측정하여 회원국의 디지털 전환 수준과 디지털 정부 성숙도를 측정하여 디지털정부평가(Digital

Government Index)를 하고 있다. (한국지능정보화진흥원, 2020)

디지털 전환은 조직성과에 중요한 영향을 미치며 (최예나, 2022), 구성원의 인식과 혁신적 조직문화에 따라 영향을 받는다. (김정인, 2022) 전자정부를 넘어 디지털플랫폼정부(디지털 플랫폼에서 모든 데이터를 연결하여 사회문제를 해결하고 새로운 가치를 창출)를 추진하고 있는 공공조직에서도 디지털 전환 인식 수준을 높여야 한다. 디지털 전환 인식 수준이 낮으면 스마트워크를 위한 환경 조성도 어렵겠지만 조성했다 하더라도 조직성과로 연결되지 못할 가능성이 높다.

디지털 전환은 "디지털 기술을 사회 전반에 적용하여 전통적인 사회 구조를 혁신하는 것"을 의미한다. (한국정보통신기술협회 정보통신용어사전) 디지털 전환은 첫째, 개인 측면에서 디지털 기술이 인간의 삶을 좋은 방향으로 바꾸는 것으로 기존 가치관과 구조를 모두 바꾸는 혁신으로 볼 수 있다. (손형섭, 2021) 둘째, 기업과 조직 측면에서 디지털 기반에 따라 파괴적으로 변화되는 환경에 적응하고 시장에서 경쟁력을 확보하기 위한 새로운 방향으로 활동을 의미하기도 하며 (김민식 외, 2017), 조직 내에서 디지털 기반에 따라 전략, 절차, 사업의 모델, 조직의 문화, 의사소통 방식, 조직의 시스템 등을 변혁하는 것을 말하기도 한다. (이서영, 2018; 최예나, 2022) 셋째, 사회적 측면에서 디지털 기술의 도입과 활용으로 사회와 산업 체제 전반에 지속된 변화로 본다. (송영근 외, 2022) 주효진 외(2022) 의 연구는 디지털 대전환을 "인공지능, 사물인터넷, 클라우드 컴퓨팅, 빅데이터, 모바일, 애플리케이션(Application) 등의 최첨단 정보 통신기술이 산업과 생산구조뿐 아니라 사회 전반에 융합되어 나타나는 혁신적 변화를 의미한다"라고 정의했다.

디지털 전환은 디지털 기술의 발전에 따라 조직의 프로세스, 문화, 커뮤니케이션, 비즈니스 등 전사적 변화를 의미한다. 단순히 디지털 기술의 도입차원을 넘어서 조직과 조직 구성원이 디지털화된 방식으로 변화하는 것을 의미합니다. 디지털 전환은 조직의 습관을 바꾸는 일과 같다.

디지털 전환 인식 수준을 높이기 위해서는 의사결정권한을 가진 고위직의 인식 수준을 높여야 한다. 이를 위해 평생교육 개념의 디지털 전환 인식 교육이 지속하여 이뤄져야 합니다. 단순히 디지털 기술 차원의 교육이 아니다. 디지털 전환은 조직의 지속성을 결정하는 핵심 사안이다. 도입할 것인지의 문제가 아니다.

정부는 '디지털플랫폼정부위원회'를 구성하였으며, 국민의 디지털 수요와 선진국의 디지털 정부 대응전략에 맞서 선도하려는 의지를 담고 있다. 지방자치단체에서도 디지털 전환에 민감하게 대응하는 전략이 필요한 시점이다. 세상은 이미 초고속으로 달려가고 있는데 행정의 업무처리 환경은 그 속도를 따라가지 못하고 있다.

조직성과를 높이기 위해서 디지털화된 효율적인 업무처리 환경 조성과 IT 정보 제공 등 일하는 방식 개선이 필요하다.

공무원 정리력

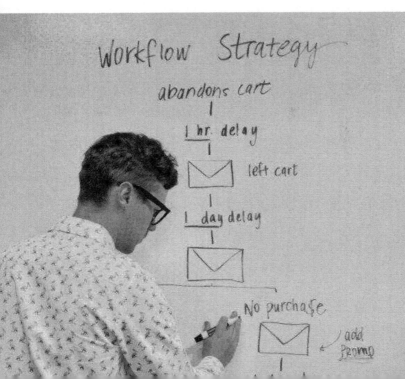

1. 공무원 정리력 중요성

공무원은 문서를 잘 만들어야 한다. 공문서는 공문서를 작성한 기관의 권위를 나타낸다. 단어 선택이 잘못되었거나 문맥이 맞지 않으면 신뢰가 떨어진다. 문서를 잘 만들어야 실력을 인정받는다. 문서는 곧 그 사람이다. 8~9급 때에 행정안전부에서 작성한 문서를 유심히 살펴봤다. 형식은 따라 하되 내용은 우리 기관의 특성을 반영했다. 보고서 책을 사서 보진 않았다. 다만, 보고서 작성법 교육을 들었고, 공문서 작성 자료 등을 찾아 읽었다.

공문서를 잘 쓰려고 노력했다. 따라 해 보고 내 스타일대로 바꾸었다. 기획서를 만들거나 계획서를 완성하면 나만의 고유한 문서를 만들었기에 작은 희열을 느꼈다. 혹여나 오타가 있을까 봐 몇 번이고 확인했다. 전자문서로 결재를 올려놓고 다시 보기를 반복했다. 결재를 올렸다 하더라도 논리가 어색하거나 오타 등이 발견되면 회수해서 고쳤다.

공문서 작성에 온 힘을 기울였다. 관계 법령을 문서를 만들 때마다 반복해서 찾아봤다. 혹여나 법령이 개정된 부분을 찾을 수도 있지만 그렇게 해야 법령을 외울 수 있었다. 기억하기 위해 반복해서 봤다. 귀찮은 것이 아니라 시간이 걸리더라도 반드시 확인하는 단계다.

공문서를 작성할 때 중요한 용어 선택은 가급적 법령에 있는 용어를 사용하거나 매뉴얼, 지침에 있는 문장들을 가져온다. 임의로 작성하거나 군더더기가 포함되어 의미가 왜곡되면 문제가 될 수 있기 때문이다. 잘 쓰지 못할 것 같으면 법령 등에서 사용하는 용어나 문장을 차라리 그대로 가져오는 편이 낫다.

공문서를 작성할 때 중요한 것은 시기를 놓치지 말아야 한다. 8급 때 총무과에서 서무 업무를 본 적이 있다. 당시 총무팀장님께서는 이런 말씀을 하셨다. 생일이 다 지난 다음에 생일 선물을 주면 무슨 소용이 있겠냐고. 나는 이 말을 잊지 못한다. 보고의 생명은 타이밍이다. 시간이 지나면 생명력을 잃게 된다.

공무원은 문서로 말한다. 문서작성은 증빙자료가 된다. 한 일에 대한 증빙자료는 치밀하게 남겨 놓는다. 일의 이유를 찾아 설명하고 나중에 어떤 일이 벌어질지를 예측해 보고 대비한다. 법령을 검토하고 감사지적 사항, 실무 책자, 매뉴얼, 지침 등을 찾아보는 것은 기본이다. 찾은 근거 자료를 붙여 놓는다. 치밀함과 세심함은 할수록 단련된다. 기록은 습관으로 굳어진다. 기록은 신상과 관련된다. 잘 기록해야 살아남을 수 있다.

기록도 배워야 한다. 기본기 없이 경험만으로 터득한 것은 한계가 있었다. 필요한 서류나 문서 등을 쌓아 놓기만 했지, 뇌에 넣고 누군가에게 설명할 수 있을 정도로 내재화를 못 했었다. 기록은 저장만 하는 것에서 끝나면 안 된다. 기록하는 이유는 내 것으로 만들기 위해서다. 모르는 것을 배우고, 학습해서 자신의 것으로 만들고 타인에게 설명하며 발전시켜야 한다. 필자는 저장만 했던 것에서 멈춘 것이다. 기록은 알고 익히고 설명하고 확장하고 새롭게 만들어야 하는 수준까지 가야 한다.

2. 정리력 방법

필자는 발췌하고 요약하며 정리를 잘하는 장점이 있다. 필자 스스로 잘한다고 생각하는 것이 아니고 타인에게서 듣는 말이다. 필자의 기록법에 대해 설명하려 한다.

먼저, 강의를 들을 때 하는 기록법이다. 강의를 보면 눈과 귀로만 들으면 효과가 없다. 강의 듣고 나면 남는 것이 별로 없다. 적극적으로 강의를 들어야 한다. 필자는 강의를 들으면서 노션, 에버노트, 슬라이드 기록 프로그램에 강의 내용을 적어 놓는다. 적을 때에는 강사가 말하는 내용의 키워드와 핵심 등을 듣는 동시에 요약해서 핵심을 적어 놓는다. 이 부분은 반복된 훈련으로 발전 가능하다. 네이버 클로바 노트 등을 이용하여 녹음된 음성을 문자 변환한 후 핵심을 뽑아내려면 시간이 오래 걸리고 에너지도 많이 소모된다. 자신이 직접 요약해서 적는 것이 효과적이다. 듣기와 요약이 동시에 이뤄져야 한다.

두 번째, 강의 내용을 받아 적어 놓았으면 씽크와이즈라는 마인드맵 도구로 구조화를 한다. 구조화를 하게 되면 전체 맥락을 파악하기 쉽다. 이미지 형태로 인지되기 때문에 오랫동안 기억된다. 텍스트로 된 문장 구조는 핵심이 보이지 않기 때문에 기억하기 어렵지만 구조화된 형태의 시각화 자료는 기억하는 데 효과적이다.

세 번째, 구조화된 마인드맵을 출력해서 다시 살펴본다. 머릿속에 한 번 더 넣는 작업이다. 며칠 지나서 다시 보면 더 오랫동안 기억된다.

네 번째, 마인드맵으로 작성하게 되면 떠오르는 생각이 있다. 자기 생각을 기록한다. 생각나는 대로 적어 놓는다. 적다 보면 내면에 있던 경험들과 함께 문장들이 보따리 풀 듯 쏟아져 나오기도 한다. 마인드맵으로 작성된 생각은 다시 한글 문서 등으로 옮겨 글쓰기 형태의 문장으로 살을 붙이고 편집을 한다. 한 편의 글이 완성된다. 지금 쓰는 글도 김익환 교수님의 기록법에 대한 강연을 듣고 난 후 받은 영감으로 글을 쓰는 것이다.

다섯 번째, 마인드맵으로 작성한 것은 1개의 마스터 맵(모든 기록을 모아 놓은 곳)에 모아 놓는다. 일일, 주간, 월간, 연간 동안 할 일과, 한 일을 알 수 있다. 마스터 맵에는 소망, 꿈, 비전, 미션, 프로젝트가 적혀 있다. 연도별 목표, 추진계획 등을 기록한다. 1개의 마스터 맵에는 매년 추진하는 프로젝트 맵이 따로 있다. 프로젝트 맵에 습관, 기록, 추진계획 등을 적어 놓는다. 일기 형식으로 그날그날 해 온 일들을 간략히 적어 놓고, 책을 읽거나 강연을 듣거나 누군가의 글, 말 등이 기록되어 있다.

여섯 번째, 기록한 내용을 바탕으로 강의한다. 가장 높은 수준의 배움은 가르치는 것이다. 누군가에게 내가 알고 있는 것을 설명하기 위해 강의자료를 만들면서 조각조각 파편화되어 있는 지식이 하나의 이야기로 엮인다. 일정 기간 지나온 삶의 총합이 새로운 관점으로 만들어진 것이다. 만들어진 강의안으로 말로 설명하게 되면 기억은 확실한 장기기억으로 넘어간다. 모르는 부분들을 알게 되고, 보완할 수 있게 된다. 정리력의 힘이다.

3. 정리력 효과

필자는 20년 가까이 인풋이 없는 삶을 살아왔다. 인풋 없는 삶은 불안했다. 경험만 있고, 지식이 없었다. 겉으로 무게만 잡고 있었지 알맹이는 비어 있는 삶을 살았었다. 알맹이가 꽉 찬 포도송이처럼 살고 싶었다. 누구를 만나더라도 자신 있고 거침없이 말하고 싶었다. 업무상 새로운 것을 만나도 두려움보다는 자신감을 느끼고 싶었다.

기록으로 정리력을 키우면 학습 능력이 향상된다. 학습을 잘하게 되면 새로운 지식을 습득하는 능력이 향상된다. 책을 읽을 때 문장 안에서 핵심을 찾아내고 찾아낸 핵심을 기록하고 엮어서 새로운 가치를 만들어 낼 수 있는 방법이 정리력이다.

정리력이 향상되면 소통능력이 향상된다. 상대가 질문하는 핵심을 파악하고 질문에 정확한 답을 할 수 있다. 질문에 맞는 답을 하는 것도 능력이다. 질문에 핵심을 답하려면 평소에 지식을 구조화하는 습관을 지녀야 한다. 핵심을 답하고 근거를 말할 수 있다. 평소 책을 많이 읽고 읽은 책을 정리하면 효과가 있다. 꼭 책이 아니더라도 강의나 타인의 좋은 말들을 기록해 놓고 내 것으로 만드는 과정을 습관으로 만들면 효과적이다.

기록하는 것은 귀찮은 일일 수 있지만 습관으로 만들어 내면 쉬운 일이 된다. 오히려 하지 않는 것이 어색할 정도다. 기록하고 정리하고 말해보고, 글로 써 보는 훈련을 반복해 보자. 정리력은 일

잘하는 방법의 하나이다. 기록하고 요약하고 정리한 것에 그치지 말고 일에 적용해야 한다. 일에 적용해 보면 재미가 있다. 알고 있는 것을 실험해 보자. 성과로 나타난다면 삶이 재미있어질 것이다. 인생이 즐겁고 행복해진다.

1. 보고서 링크: http://bit.ly/3Ku2c0C
2. 인터뷰 링크: https://www.youtube.com/watch?v=hNkDk79kwpE

ChatGPT는 혁신의 도구가 될 수 있을까? : ChatGPT 활용 사례 및 전망
출처: 김태원 수석연구원(ego@nia.or.kr), NIA AI 리포트, 2023-1(2023. 1.25.)

• 요약: 2023.02.21. 권석민

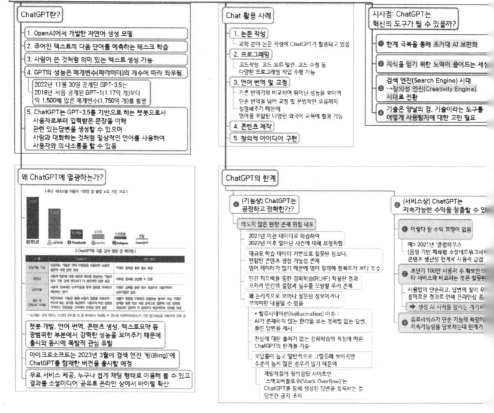

공무원은 계획서를 어떻게 작성할까?

시민의 삶을 바꾸는 규제혁신! '시민의 불편은 덜어 주고, 보다 성숙한 화성'

목적
- ① 규제혁신으로 '시민이 행복한 희망화성 만들기'
  - 시민의 불편은 덜어 주고, 보다 성숙한 사회, 신뢰 향상
- ② 공약 성과 달성
  - ① (규정, 지침 등) 제도 개선 인센티브(포상금, 국외출장) 부여(예산법무과)
  - ② 스마트인허가 시스템 구축(스마트시티과) → 인허가 처리현황 측출(민원봉사과)
    - ※ 민원봉사과 매일 민원 처리상황 점검 결과보고(단축자 인센티브 부여)
  - ③ 소극행정 패널티 부여(감사관)
- ④ 연찬회, 워크숍, 토론회 등을 통한 규제혁신 역량 제고

목표
- ① 인허가 기간 단축
  - 개발행위허가 처리 기간 단축 ─ 현재 30일 → 목표: 27일(3일 이상 단축)
  - 건축허가 처리 기간 단축 ─ 현재 44일 → 목표: 34일(10일 이상 단축)
- ② 불필요한 행정 절차 간소화
  - 불필요한 보완 줄이기(요청시기, 기간, 횟수 감축) → 실질적 단축 방안 마련·개선
  - 각종 위원회 등 심의 사안 간소화 (3건)
- ③ 민생, 지역경제활성화 규제발굴 개선
  - 기업규제 개선 (3건)
  - 시민 편의 제고 개선 (3건)

전략
- 인식 수준 개선으로 규제개선 체감도 향상
  - 규제 이해도 역량 향상 ─ 연찬회, 워크숍, 토론회
  - 규제개선 과제의 질적 제고 ─ 관리카드 작성, 모니터링
- 우수사례 도입 추진 지원
  - 그림자, 행태 규제개선 우수 사례 공유
  - 타 지자체 우수 사례 도입 추진 ─ 벤치마킹 적극 자문, 부서 평가 포상금 지급
  - 지방규제혁신 중앙과 소통 강화 ─ 행정안전부 등 현장 방문 추진
- 체계적 업무처리 지원, 성과 달성 인센티브 소극행정 패널티 부여
  - (감사관) 소극행정(인허가 처리 지연 등) 패널티 부여
  - (스마트시티과) 스마트인허가 처리 시스템 구축 (인허가 처리 현황 파악)
  - (예산법무과) 제도 개선 등 성과 달성에 대한 인센티브 부여
  - (민원봉사과) 인허가 처리 현황 관리·평가·인센티브 부여

추진방안
- ① 규제혁신 추진단 성과 이행사항 점검
  - 관리카드 작성, 주기적 이행상황 점검 ─ 「추진단 회의」에서 이행상황 발표
- ② 2023년 규제혁신 개선과제 추진
  - 국민권익위원회 개선 요청 사항 추진 ─ 공무직 및 기간제근로자 채용 규제 철폐, 영세 확철용품 운송사업자 자료의무 실증의무 면제
  - 행안부 지자체 규제혁신 우수사례 추진
  - 우수부서 및 공무원 인센티브 부여 ─ 부서 포상금, 개선 성공, 공무국외출장 기회 부여
- ③ 성과 달성을 위한 체계적 지원
  - 행안부 지정 우수사례 우리시 도입 추진 유도
  - 「스마트 인허가 시스템」 인허가 처리 현황 자료 기능 구축

추진일정
- 2월 규제혁신추진단 인찬회
- 3월 규제혁신 추진과제 공모
- 4월 규제혁신 추진단 정기회의
- 5월 규제혁신 공무원 워크숍
- 6~7월 규제혁신 우수공무원 국외출장
- 8월 규제혁신 추진단 정기회의
- 9월 규제혁신 토론회
- 11월 규제혁신 추진단 성과 보고회

1. 연간 계획 수립 방법

연초가 되면 1년간 해야 할 일에 대한 계획을 수립한다. 연간 계획에서 가장 중요한 것은 추진 방향이다. 일 년 동안 어떤 방향으로 일을 추진하는지 생각이 담겨 있어야 한다. 추진 방향의 생각을 담아내려면 세 가지 사항을 고려해야 한다.

첫 번째, 지난 연도 성과와 반성을 살펴봐야 한다. 어떤 점이 잘했는지를 적어보고, 부족한 점이 무엇인지 살펴본다. 잘한 점은 구체적이고 논리적으로 표현한다. 부족한 점은 원인과 대안을 찾아본다. 문제의식을 느끼고 발전적인 방향으로 고민한 부분과 구체적이고 현실적인 대안을 수립해야 한다.

두 번째, 시정 방향과 연계하여 생각해 본다. 시정의 주요 정책 방향에 맞추어 해야 할 일을 일치시키는 작업이 필요하다. 시의 정책 방향에 맞추어 해야 할 일을 수립하는 것은 당연한 일이다.

세 번째, 중앙정부의 정책 방향을 찾아본다. 특히, 중앙부처의 평가가 많은 업무의 경우 중앙부처의 정책 방향에 맞추는 것이 중요하다.

세 가지 방향을 고려하여 비전과 미션을 만든다. 비전은 큰 목표이고 미션은 비전을 달성하기 위한 작은 목표들이다. 목표를 설정하면 목표를 달성하기 위한 추진 전략을 3가지로 작성한다. 추진 전략은 키워드로 작성 후 문장으로 풀어낸다. 추진 전략은 추상어 말고 구체어로 적어내는 것이 좋다. 뜬구름 잡는 언어는 현실성이 떨어진다. 중점 추진계획은 간단하면서도 구체적으로 수립한다. 구체적일수록 달성 가능성이 커진다.

추진 일정을 계획하여 시각적으로 나타낸다. 간트 차트나 리스트 형식으로 작성하면 좋다. 기대효과를 추진 배경과 혼동하여 적어내는 경우가 있다. 기대효과는 수치 등을 사용하여 계획대로 추진되면 좋아지는 점을 구체적으로 작성한다. 추상적 단어를 사용할수록 신뢰가 떨어진다.

결국, 계획서를 작성할 때는 실행 가능한 내용을 구체적이고 논리적으로 일정을 담아 미리 그려보는 과정이다. 이 과정은 중요하다. 전쟁터에 싸우러 나가는데 적군이 어디에 있는지 파악도 하지 않고 총 들고 진격하는 경우와 적군의 동태와 아군의 상황을 고려하여 이기기 위한 전략을 수립하여 시기에 맞춰 싸우러 나가는 것은 전쟁의 승패를 좌우하는 중요한 일이다. 아무리 실패를 통해 배운다고 하지만 무작정 덤비는 것은 무모한 일이다. 계획을 치밀하게 수립해도 계획대로 상황이 움직이는 것이 아니다. 따라서 계획은 한 번 작성하고 변하지 않는 것이 아니라 상황이 바뀌면 계획도

수정해야 한다. 상황에 맞춰 유동적으로 수정하고 변화된 계획을 수립하는 것이 중요하다.

2. 세부 계획 수립 방법

연간 계획이 수립되면 각 세부 항목별 계획을 시점에 맞춰 세워야 한다. 왜냐하면 연간 계획에는 큰 줄기만 적어내는 것이고 세세한 가지들은 세부 계획에 나타낸다. 세부 계획의 수립도 큰 맥락에서는 연간계획과 같은 형식으로 수립하면 된다. 다만, 하나의 작은 미션을 담아내는 점이 다르다.

거듭 말하지만, 계획서의 핵심은 목표를 설정하고 달성하는 데 필요한 전략, 일, 역할, 방법을 일정에 맞추어 할 시기를 명확하게 계획하고 추진하는 것이 목적이다. 계획서를 만드는 사람의 생각이 담겨 있어야 한다. 계획서를 매뉴얼이나 설명서처럼 만들면 안 된다. 계획서는 미리 해야 할 일을 체계적으로 만들어 내는 것이다. 준비 없는 자는 기회를 잡을 수 없듯이 계획 없는 조직은 목표를 달성할 수 없다.

세부 계획을 수립하고 목표를 달성하기 위해서 중요한 것 중의 하나는 바로 실행력이다. 실행하지 않는 계획은 죽은 계획이다. 실행을 전제된 계획을 수립해야 한다. 현실성이 없는 계획은 소용없다. 추진할 수 있고 추진하기 위해 방안들을 구체적으로 적어낸 계획서가 좋은 계획서이다. 계획은 실행이 담보되어야 한다. 실행되지 않는 계획서를 만들지 말자.

3. 고민하고 또 고민하라

계획서를 수립할 때 기존에 만들어져 있는 계획서에 재작성을 한다. 재작성을 하게 되면 편리한 점도 있지만 생각의 범위가 한정되어 새로운 것을 담아낼 수 없다. 한계를 미리 정해버리면 사고의 틀이 확장되지 못한다. 다양한 자료를 수집하고, 다양한 방법을 고민하여 새로운 생각을 담아야 살아있는 보고서가 된다. 남이 만들어 놓은 글과 문장을 베껴와서 짜깁기하면 앞뒤가 맞지 않고 어색하다. 차라리 생각을 글로 표현하는 편이 좋다.

계획서, 보고서를 보면 얼마나 고민했는지를 알 수 있다. 생각이 묻어났는지를 알 수 있다. 많은 자료를 수집하고 다양한 각도에서 방법을 고민했는지 계획서에 나타난다. 계획서가 불성실하면 협조도 잘 이뤄지지 않을 가능성이 높다. 주관하는 사람의 생각이 뚜렷하지 않은데 협조하는 사람들이 주관하는 사람만큼 생각해서 움직이지 않는 것은 당연한 이치다. 무엇을 원하고, 무엇을 해야 하는지, 왜 해야 하는 지를 분명히 밝히고 협조를 구할 때 계획대로 협조가 이뤄질 것이다.

고민하고 또 고민하라. 진정성이 묻어나는 계획서와 보고서를 생산하라. 진정성이 없으면 타인을 움직일 수 없다. 진정성으로 대결하라. 열정과 신뢰를 바탕으로 일을 추진해야 사람들이 감동한다. 일의 목표에 가까워지기 위해 질문을 반복하라. 질문을 반복해야 본질에 가까워진다. 질문 없이는 아무것도 이뤄낼 수 없다. 계획서나 보고서도 질문으로 이뤄진 것이다. 질문이 안 나오도록 계획서를 작성하면 훌륭하게 만든 것이다.

연간 계획 수립 방법, 세부 계획 수립 방법, 그리고 고민하는 태도에 대해 생각을 적어봤다. 세 가지의 공통점은 생각이다. 생각을 담는 것이 핵심이다. 질문으로 생각을 명확히 하는 것이 중요하다. 명확한 목표설정과 명확한 일정 수립이 계획을 성과로 만드는 가장 좋은 방법이다.

공무원에게도 필요한 일 감수성

일에서 감수성은 공무원에게도 필요하다. 최인아 대표님의 저서 <내가 가진 것을 세상이 원하게 하라> 을 읽다가 눈에 띄는 부분이 있었는데, 일할 때 꼭 필요한 부분 중의 하나로 감수성을 뽑았다.

네이버 사전에서는 감수성을 외부 세계의 자극을 받아들이고 느끼는 성질이라고 말한다. 최인아 대표는 감수성을 일에서 여러 변수를 이해하여 자신이 해야 할 일이 무엇인지 아는 능력을 말한다고 설명한다. 책방에서 책방 전체를 빌려주는 일이 있었는데, 혹시 사정을 모르고 오는 손님을 위해 출입문에 안내문을 붙이라고 직원에게 부탁했는데, '대관'이라는 두 글자만 크게 써 놨다고 한다. '책방이 어떤 행사로 일찍 문을 닫습니다. 어려운 발걸음을 하셨을 텐데 죄송합니다'라고 하면 타인에 대한 감수성이 좋았을 것이라고 아쉽다고 말한다.

필자 또한 비슷한 경험을 한 적이 있다. 2018년 데이터행정팀장을 할 때 함께 일했던 팀원이 감수성이 풍부했다. 그 팀원은 필자가 휴가를 다녀오면, "팀장님이 부재중인 기간에 이런 업무가 진행됐습니다.", "앞으로 이런 업무를 해야 합니다."라고 말한다. 그 팀원은 팀장의 관점에서 자신이 무엇을 해야 하는지 질문해 보고 행동을 했을 것이다.

야마구치 슈와 구스노키 겐의 책 <일을 잘한다는 것>에서도 감각을 말한다. 타인을 헤아려 보고 타인의 입장에서 바라보는 것이 중요하다. 감각이 좋은 사람은 무엇을 해야 하는지 인식하고 있다. 일을 잘한다는 것의 핵심은 감각이다. 감각은 배경과 상황, 입장 등을 잘 파악하고 반응하고 대응하는 거다.

아쉬운 부분은 감각이 없을 때다. 주어진 일의 전체 맥락을 이해하고 자신이 해야 할 일이 무엇인지 질문해 보면서 자신의 할 일을 명확하게 해야 한다. 타인에 대한 공감이 없으면 일의 성과는 나타나기 힘들다. 자신이 할 일을 챙겨가며, 타자의 입장에서 한 발 더 생각해 보면 좋지만 그렇지 못한 경우가 있다.

질문하기 전에 일의 진행 상황을 말하고, 의견을 나누는 과정을 우선으로 생각해야 한다. 예를 들어, 3주 후에 회의가 있다면 사전에 해야 할 일들을 목록화해 본다. 일정에 따라 역 진행으로 D-day를 정해 언제까지 무슨 일을 마무리 짓는 마감 일정을 나름대로 정해 보고, 중요한 부분들을 점검한 것을 손으로 써도 좋고 한글 문서나 마인드맵 등 오피스 도구로 작성한다. 작성한 문서를 상사 앞에 펼쳐 놓고 이야기를 나눈다면 미처 생각하지 못한 부분도 챙길 수 있고 좋은 방향으로 업무를 추진할 수 있다.

일에 대한 감각이 없는 사람은 타인에 대한 배려가 약하다. 타인의 입장까지 생각하지 않으니 내가 무엇을 어느 정도까지 해야 하는지 모른다. 민간기업에서는 고객 경험을 넘어서 고객 감동을 조직의 최우선 가치로 삼는다. 고객의 색다른 경험도 훌륭한데 감동까지 주려는 것이다. 일에 대한 감각은 일에 대한 태도와 관련 있다. 자기 일을 사랑하지 않으면 고민하지 않고 고민하지 못하면 뭘 해야 하는지 모르니, 타인에 대한 배려까지 생각이 미칠 수 없다.

일에는 일을 사람이 어떤 사람인지 느낄 수 있다. 일을 대하는 태도는 자기를 대하는 태도와 같다. 일에 대한 수준이 높다면 자신을 사랑하는 깊이도 깊다. 타인을 공감하고 타인으로부터 인정받기 위해서는 자신을 사랑하고 자신을 알려는 노력이 필요하다. 원하는 게 있어야 할 수 있고, 하고 싶은 게 있어야 무얼 할지 생각해 볼 수 있다.

일터에서의 시간도 내 인생이다. 남을 위한 시간이 아니다. 몇 년 전 같이 일하는 팀원이 이런 말을 한 적이 있다. 팀장님은 성과를 내기를 좋아하는 성향인 것 같은데, 저는 팀장님과 달리 타인에게 이름이 알려지기를 원하지 않는다고, 일을 열심히 하려면 공무원을 들어오지 않았을 것이라고 말이다. 사실 이런 말을 듣게 되면 말문이 막힌다. 돈을 받은 만큼만 일하고 싶고, 열심히 한들 자신에게 이롭지 않다고 생각하는 것이다.

공무원 조직에서 정규 근무 시간은 점심시간을 제외하고 하루 8시간이다. 아침에 출근 준비를 하고 출퇴근 시간과 점심시간까지 고려하면 직장을 위해서 11시간 이상을 소비하고 있다. 그 시간은 남의 시간이 아니다. 내 시간이고, 내 인생이다. 하기 싫은 일을 위해 하루 꼬박 8시간을 흘리는 것이 과연 행복한 삶일까?

일과 행복이 비례하지는 않을지도 모른다. 적어도 일에서 행복은 찾을 수 있다고 생각한다. 아무리 하찮은 일일지라도 그 안에서 성과를 찾아내고 의미와 가치를 찾아낼 수 있다. 문서를 만들더라도 문구, 조사, 어미 등을 고려해서 자연스러운 문맥을 만들어 내는 것도 행복일 수 있다. 내 일에서 최소한 조직에서 최고가 되려고 하고 같은 일을 하는 타 시군에서 아니면 전국에서 최고가 되려고 지향점을 스스로 만들어 낸다면 일을 허투루 하지 않을 거다.

누구를 위함이 아니라 나를 위해 일하는 거다. 내가 중심이어야 한다. 일에서 중심이 되고, 조직의 목표와 자신의 목표를 일치시켜 일을 추진하고 성과를 내어 성취감을 맛보고 다시 도전하고 발전하는 모습의 삶을 살아야 한다.

자신이 맡고 있는 일을 잘 해내고, 작은 성과라도 만들어 내자. 일을 잘하기 위해 애쓰는 것은 쓰일 수 있는 방법이다. 쓰인다는 것은 인정받는 것이고, 자신의 가치를 높이는 일이다. 적극적 태도로 일의 감수성을 높이고, 자존감을 높여 쓰이는 사람이 되면 좋지 않을까? 어떻게 생각하는가?

사랑이 남긴 상처에서 벗어나기. "어휴, 정말 힘들었겠구나!"

강사 👤

윤홍균
- 정신과 전문의

저서
- 사랑 수업
- 자존감 수업

(QR코드)

주요내용 💬

❤ 인트로

사랑 수업 책 발간
- 이유
  - 자존감 회복 이면에 사랑에 관련된 상처 있음
- 사례
  - 초2 바닷물에 떠내려갈 뻔했으나 가족들로부터 빠른 도움을 받지 못함
  - 그것이 상처로 남아 물을 두려워 힘
  - 그러나 남들에게 물을 두려워하는 것을 들키기 싫지 않았음
  - 물이 문제가 아니다 몸이 약해서 그렇다
  - 친구들에게 끈질하게 하는 것은 내 성격의 문제다라고 까지 생각
- 깨달음
  - 그녀나 그것은 기억의 문제, 감정의 문제였음
  - 김추격난 보니, 몸의 문제, 성격의 문제까지 확장 시켰던 것

인사이트
- ⭐ 사랑도 '상처'와 '후유증'을 남긴다

🌸 👍 본론

사랑하면 떠오르는 것은?
- 긍정적 단어들
  - 열정적인 사랑, 엄마의 따뜻한 사랑. 연인과의 데이트
- 마음 속 깊은 곳의 상처
  - 어린 시절 애정 결핍.
  - 준비 없는 이별, 사랑의 상실

불안정형 애착
- 사랑하고 싶지만 두렵고 사랑하고 싶어도 잘 못하겠고
- 사랑하면 차별, 배신, 환승이별, 바람받음과 연결시키는 사람
- 사랑과 관련된 상처가 자꾸 덧나는 사람 그래서 사랑할 용기를 못 찾는 사람

불안정형 애착

조언
- 무리하지 말고 되는 것부터 하나 하나 해보자
- 사례
  - 교수 자신도 중학교 때 터닝포인트가 있었음.
  - 수영을 배우러 긴 날
  - 바로 수영을 안 가르쳐 주고
  - 물에 대한 두려움을 없애기 위해
  - 물에 뜨는 새우등 뜨기 훈련을 배움.
  - 3주 지나니 물에 대한 거부감이 줄어들기 시작
  - 한달 정도 지나니 자유형을 해서
  - 앞으로 나아가기 시작
- 사랑도 그렇게 했으면 좋겠다.
  - 남들을 만나서 위로하고
  - 남들의 마음을 알기 위해 심리학 공부도 하고 비록게 대화연습과 훈련도 해보자
  - 정일로 사랑하는 사람을 만났을 때를 대비해서 옆에 있는 사람을 대상으로 연습하자
  - 진심으로 축하, 위로, 공감

🚩 마무리

⭐ 🌸 "어휴 힘들었겠다..."
- 누군가가 나의 힘들을 이해해 줄 수 있다는 생각만 하여도 훨씬 마음이 편해진다.

결국 사랑과 관련된 상처는 양질의 사랑을 받았을 때 효과가 있다.
- 누군가가 다독여 주고 공감해 주고 위로해 주는 그런 사람을 만난다면 가장 좋은 것

그러나, 우리가 그런 사람이 된다면 그것은 더 좋은 일
- 우리가 남들을 공감할 수 있는 능력이 있다면 누군가를 위로할 수 있다면 우리의 자존감이 올라갈 수 있다.
- 주변에 힘들어 하는 사람이 있다면 "어휴, 힘들었겠구나..."라고 이야기 해주는 사람이 되자

그럼에도 불구하고 하라

필자의 인생 모토는 '어리석은 자의 우직함이 세상을 조금씩 바꾼다'이다. 신영복 교수님 저서 「나무야 나무야」에 나오는 구절이다. 비록 어리석게 보일지 몰라도 우직하게 하나의 길을 끊임없이 해내는 사람이 세상에 조금이라도 기여한다는 뜻이라 생각했다. 나에겐 스스로 자존감을 높이는 문장이었다. 인정받지 못하더라도 내가 가는 길을 가겠다는 신념이자 굳은 결의 같은 거다.

최인아 작가의 저서 「내가 가진 것을 세상이 원하게 하라」 최인아 작가는 '지름길에는 덫이 있다' 라고 말한다. 하나의 목표를 향해 가도 두 가지 선택 길이 있다. 하나는 오래 걸리고 힘도 많이 드는 방법이고, 다른 하나는 쉽고 편한 방법이다. 대부분 사람은 쉽고 편한 방법을 선택한다. 비슷해 보이지만 둘 사이에는 큰 차이가 있다. 자신의 시간을 오랫동안 투입하여 스스로 깨달은 것이 자신의 것이 된다. 진짜 문제는 스스로 해법을 찾아내는 거다.

2022년에 석사학위논문을 썼다. 처음 써보는 것이라 낯설고, 어려웠다. 내 일인데 애써 외면하고 싶은 마음에 제자리걸음만 5~6개월 하고 있었다. 어느 날 생각했다. '지도교수님이 내 논문을 대신 써 주시는 것이 아니구나, 오로지 내가 해야 하는 것이구나' 깨달았다. 논문을 쓰면서 몇 번이고 한계에 부딪히곤 했다. 내가 설정한 가설은 맞는 것인가? 통계는 어떻게 구해야 하는 거지? 내가 구한

가설검증 결괏값이 맞는 것인가? 통계 결괏값을 어떻게 요약하고 문장으로 표현하지? 결괏값에서 함의는 어떻게 뽑아내지? 제언은 또 어떻게 해야 할까? 나도 인식하지 못하는 사이에 질문을 하고 자료를 찾아보고 글로 써보는 시간을 수없이 반복했다. 스스로 해법을 찾아야 함을 알게 되었다.

강연을 들을 때도 마찬가지다. 눈과 귀로 듣기만 하면 끝나고 나면 아무것도 남지 않는다. 좋은 느낌만 남을 뿐이다. 퇴근 후 20:00에 폴인(folin)에서 김태호 PD의 강연을 봤다. 볼 때는 좋았다. 마치 다 아는 것만 같았다. 끝나고 나니 기억에 남는 게 없었다. 인스타그램과 페이스북에 김태호 PD 강연 사진을 하나 캡처해서 올리면서 기억에 남는 생각을 적었다. 적어 보니 생각이 정리되었다. 쉽게 얻어지는 것은 없구나. 내가 공을 들인 만큼 남는구나 알아챘다.

강연보다 책을 읽을 때 오랫동안 기억에 남는 이유가 바로 공을 더 들였기 때문이 아닐까 생각한다. 요즘 윌라, 밀리의 서재, 예스 24 e-book 등에서 음성으로 책을 듣는다. 2배속으로 하면 1권을 3시간 정도면 들을 수 있다. 듣고 나면 가물가물하다. 명확하지 않다. 뭔가 들은 것 같은데, 한 문장으로 정리해서 말할 수가 없다. 다시 종이책을 들고 읽어보면 음성으로 들었던 내용이 되살아난다. 책에 볼펜으로 써보고, 질문해 보면서 읽으면 조금 낫다. 책 한 권을 읽어내고 마인드맵으로 전체 구조를 그려낸 후 내용을 상기하면 책한 권이 머릿속에 선명하게 그려진다. 가장 마지막 단계에서 생각만으로 내 글을 써 보면 만족할 만한 수준의 것으로 내 것이 된다.

김태호 PD는 MBC에서 퇴사하는 시기에 어떤 회사로부터 제안받았다. 어차피 예능 콘텐츠 만드는 회사를 해 봤자 수입이 별로 안될 테고 그 이상의 연봉을 줄 테니 오라고 제안했다. 김태호 PD는처음에 그 제안에 맞장구치면서 고맙다고 했으나 너무 부끄러웠고, 7일 뒤에 제안한 회사로 가서 거절했다. MBC에서 받지 못했던 많은 연봉을 받을 기회였던 것을 놓치진 않았나 후회하는 생각도 해봤지만 거절한 걸 잘했다고 했다. 김태호 PD는 앞으로 예능만 하는게 아니고 드라마도 할 수도 있고, 장르가 없어질 수도 있고 가치높은 것을 만들 기회가 있을 텐데 해보지도 않고 자신의 한계를 설정하고 안주하려 했던 자신이 부끄러웠다고 했다.

공직의 일하는 태도도 마찬가지다. 쉬운 것, 편안한 것만 선택하면 좋은 성과를 내기 힘들다. 조금 힘이 들더라도 깊숙이 파고들고공을 들이면 시간은 조금 오래 걸릴 수 있지만 수월하게 해결되기도 한다. 2022년 민선 8기가 시작되면서 공약사항으로 '규제혁신 추진단 운영'이 새롭게 업무로 주어졌다. 중앙정부도 규제혁신을 역점추진 정책으로 내세웠다. 행정안전부나 국무조정실에서 규제혁신 추진단 관련해 지방자치단체로 지침이나 업무추진계획을 내려보내기 전에 먼저 움직였다. 자체계획을 시장님 취임하자마자 7월 중순에 결재를 받았다. 9월에 전국 지방자치단체 중에 가장 먼저 규제혁신 추진단 발대식을 진행했다. 유튜브로 녹화방송도 내보냈다. 새 정부 출범으로 규제혁신을 강조하고 중앙정부뿐만 아니라 광역, 기초자치단체에 규제개선 과제를 발굴하는 내용의 공문이 내려왔다. 때에 맞춰 발굴계획을 수립하고 국무조정실의 협조 요청 사항도 적극 추진했다. 행정안전부에서 요청하는 과제 발굴 사항에 대해서도 자체 계획을 수립하여 발굴하기 위한 노력을 지속했다. 연말 갑자기 새 정부 규제혁신 평가계획이 행정안전부에서 내려왔고 우리 기관은 그간의 축적된 노력을 증빙자료로 제출하여 우수기관으로 선정되었다.

막연하고 앞이 명확하지 않더라도 목표를 설정하고 어리석지만 우직하게 꿋꿋이 해야 할 일을 하면서 앞으로 나아가면 세상은 조금씩 바뀐다. 보잘것없고 부족하지만 성장하기 위해 조금씩 한 발 한 발 내딛는다. 타인의 시선에 얽매이지 말고 세상의 중심에 나를 놓고 힘쓰자. 약한 사람은 뭔가 사정이 많다. 강한 사람은 조건이 불리하고 어렵더라도 그럼에도 불구하고 앞으로 나아간다. 어느 날 저 높이 밝게 빛나던 북극성이 조금은 가까워져 있을 거다.

최고와 완벽 중 어떤 것을

추구해야 할까

최고와 완벽은 다르다. 최고(best)는 비교의 개념으로 가장 우수한 것을 의미한다. 상대적인 개념이다. 완벽(perfection)은 오류 없이 완전한 상태를 말한다. 가장 높은 수준의 상태다. 최고가 상대적 개념이라면, 완벽은 절대적인 개념이다. 최고가 대상이나 조건에 따라 변한다면, 완벽은 변하지 않고 일정한 상태이다.

최고는 과정에 중점을 둔다면, 완벽은 목표에 초점을 둔다. 최고는 개선하고 향상하는 노력이 요구된다면, 완벽은 결함이나 오류를 배제하려고 노력한다. 최고는 객관적 기준에 따라 평가되며, 평가 지표를 달성하는 결과에 따라 구분되지만, 완벽은 가치관이나 선호 등 주관적 기준에 따라 다르게 인식된다.

최고를 지향해야 할까? 아니면 완벽을 추구해야 할까? 최고와 완벽이 상호 작용하는 관계이지 어느 것을 지향하고 추구할 것으로 보면 안 된다. 최고의 성과를 달성하기 위해 완벽을 지향해야 한다. 완벽을 추구하는 과정에서 최고의 성과를 얻을 수 있다.

최고가 되기 위해 성과만을 추구한다면 성과를 내지 못했을 때 마음이 아플 수 있다. 완벽만을 추구하면 성과를 내는 데 오랜 시간이 걸릴 수 있다. 이 둘의 관계를 잘 이용해야 한다. 흔히 승진을 위해 일하지 말고 일을 완벽하게 하다 보면 승진을 따라오는 거라고 한다. 승진은 최고의 개념으로 이해할 수 있고, 일을 바라보는 관점과 태도는 완벽의 개념으로 볼 수 있다.

세상에 완벽한 것이 있을까? 신의 경지 아닐까? 이상적이고 절대적인 개념이다. 완벽하려는 노력을 통해 최고가 되는 지혜가 필요한 것은 아닐까? 최고가 되려면 완벽하지 않아도 완벽에 가까워지려는 노력이 필요하다. 최고와 완벽의 개념을 잘 이해해야 한다.

공무원 조직에서 일을 할 때 완벽을 추구해야 한다. 법규를 준수해야 하고, 시민의 안전을 우선으로 해야 한다. 행정의 모든 일에서 완벽하게 일을 처리해야 하겠지만, 특히, 인허가 행정업무에서 법률 규정을 준수하여 처리해야 한다. 행정을 완벽하게 처리하는 것은 신뢰에 영향을 주기 때문에 격을 높이는 행정 처리가 중요하다.

공무원 업무 중 평가를 대비하는 업무의 경우에는 완벽을 추구하기보다는 평가지표를 달성하기 위해 노력하는 것이 현명하다. 다양한 평가 지표를 달성하기 위한 세부 기준에 맞게 시기 적절하게 적당한 수준에서 목표를 달성하는 것이 좋다. 하나의 지표에 완벽을 추구하다가 최고가 될 수 없게 될지도 모른다.

공무원에게 필요한 통합적 사고 역량

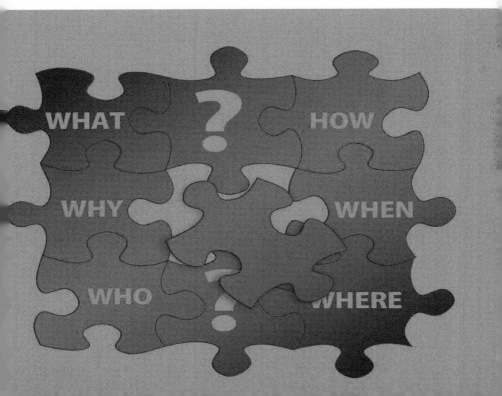

'사고'란 생각하고 궁리함을 의미한다. 하미영의 <생각의 기술>에서는 사고에 대해 설명하고 있다. 사고는 넓은 의미로 심리적 활동 차원과 정신적 활동 차원으로 구분한다. 심리적 영역은 느낌, 상상, 의욕, 기억, 연상, 의지 등을 말하며, 정신적 영역은 판단, 논리적 추론을 거친 간접적인 산물이다.

에델먼(edelman)은 사고를 일차적 의식과 이차적 의식으로 분류한다. 일차적 의식은 눈, 코, 입, 귀 등과 같은 감각 등으로 인지되어 느끼는 지각 정보를 말하고 이차적 의식은 일차적 의식을 기반으로 연결하고 통합하는 과정으로 형성된다. 이차적 의식은 주제, 요소, 연결로 구성된다. 주제는 점심 메뉴 정하기와 같이 목표를 지향한다. 요소는 식재료라고 볼 수 있는데, 사고하는 데 필요한 맥락 정보이다. 과거의 경험이 있어야 다음 정보가 들어오면 연결하여 이해할 수 있다. 연결은 요소인 기억의 조각들을 연결하여 사고를 할 수 있다. 서로 다른 정보를 연결하면 다른 사고 결과가 나올 수 있다.

우리가 집중해야 할 부분은 저절로 떠오르는 사고 보다는 사고를 하려는 의지, 의도에 따라 발생하는 정신적인 결과물에 초점을 두어야 한다. 성취와 관련되기 때문이다. 목적을 갖고 행한 것은 성공과 실패라는 평가가 따른다. 목표를 성공적으로 수행하기 위한 사고가 필요하다.

통합적이란 둘 이상의 요소들을 하나로 합치는 것을 뜻한다. 여러 요소를 조직화하여 전체를 이루는 거다. 공무원에게 필요한 역량 중에 하나가 통합적 사고다. 통합적 사고는 복잡한 문제를 해결하고 창의적인 아이디어를 도출하는 데 중요한 역할을 한다. 다양한 분야의 업무를 처리하는 과정에서 여러 정보와 지식을 종합하여 문제해결에 필요한 결정을 내리는 능력이다. 한 분야에 국한된 전문적인 역량보다 전문 분야 간의 융합하는 사고가 통합적 사고다.

공무원의 업무는 법규, 경제, 정치, 문화, 환경 등 다양한 분야의 지식이 요구된다. 특히, 코로나19, 기후변화, 디지털 전환 등 사회가 급속하게 변화함에 따라 통합적 사고 능력이 없으면 효율적인 정책을 수립하거나 문제를 해결하는데 어려움이 발생할 수 있다.

공무원은 다양한 분야의 전문 지식을 습득하고 다양한 시각에서 이를 종합적으로 분석하고 이해하는 능력을 갖춰야 한다. 논리적 사고, 문제해결 능력, 창의적 사고, 논리적 추론, 전문 지식 습득 등도 함께 갖춰야 할 역량이다. 또한 정책을 수립하고 실행할 때 이를 평가하고 개선하는 능력도 필요하다.

통합적 사고를 높이기 위해 다음의 역량이 필요하다. 첫째, 다양성을 존중하고 수용할 필요가 있다. 다른 사람의 견해와 지식을 이해하고 인정하면서 협력하여 문제를 해결할 수 있어야 한다. 둘째, 다양한 정보를 수집하고 비교하고 분석하여 가장 적절한 문제해결 방안을 찾아낼 수 있어야 한다. 셋째, 유연한 사고방식을 가져야 한다. 상황에 따라 사고방식과 전략을 변경하는 유연성을 갖춰야 하며, 새로운 정보가 나타나면 도입하고 개선할 수 있어야 한다. 넷째, 문제의 본질을 파악할 수 있어야 한다. 근본 원인을 찾아내고 효과적인 해결책을 제시할 수 있어야 한다. 다섯째, 맥락적 사고가 필요하다. 문제의 맥락을 이해하고 여러 요소가 관계를 파악하여 전체적인 시각에서 이해하고 해결책을 찾아낼 수 있어야 한다.

통합적 사고를 높이려는 방법은 첫째, 다양한 학문 분야로 지식을 확장해야 한다. 다양한 관점의 지식은 종합적인 사고로 이해도가 높아지면 다양한 관점에서 문제를 분석할 수 있다. 둘째, 지속적인 사고력 향상 훈련을 해야 한다. 교육을 통해 지속하여 사고능력을 향상하고 유연한 사고와, 창의성, 비판적 사고 등의 역량을 키워야 한다. 셋째, 협업을 강화해야 한다. 다양한 배경과 전문지식을 가진 사람들과 소통하면서 상호 간에 지식과 경험을 공유하고 사고를 확장해야 한다. 독서 모임을 생각하면 쉽게 이해된다. 독서 모임에서 자신이 생각과 타인의 생각을 비교하면서 사고가 확장되는 경험을 한. 넷째, 종합적 사고 능력을 연습해야 한다. 복잡한 문제나 상황을 전체 시스템적인 관점에서 바라보고, 각 요소와 요소 사이의 상호 연관성을 분석하여 핵심과 문제해결 방안을 찾아내는 능력을 키워야 한다. 다섯째, 자기 성찰이 필요하다. 자신의 사고방식과 의사결정 과정을 정기적으로 되돌아보고 평가하여 개선할 점을 찾아내고 개선해야 한다. 여섯째, 자신의 감정과 타인의 감정을 파악하는 능력을 키워야 한다. 자기 성찰을 하는 사람은 자신의 부족함을 채우기 위해 노력한다. 자기를 객관화해서 보니 겸손하다. 타인에게 함부로 하지 않는다. 일곱째, 지속해 자기 계발이 필요하다. 독서, 세미나, 콘퍼런스 등 다양한 방법으로 새로운 지식과 정보를 습득하여, 자기 계발을 지속해야 한다.

통합적 사고는 공무원이 갖춰야 할 필요 역량 중의 하나이다. 국가공무원인재개발원에서는 5급 공무원에게 필요한 역량을 정의하고 있는데 그중 하나가 통합적 사고력이다. 하위 직급보다 상위 직급으로 올라갈수록 더 필요한 역량이다. 통합적 사고는 결국 문제의 핵심을 파악하고 다양한 문제의 여러 요소를 종합적이고 전문적인 관점에서 해결 방안을 모색하고 해결에 필요한 기관, 부서 등 적절한 협업을 이끌어 문제를 해결하는 융합 능력이다.

삶을 주도적으로 만드는 공무원 기록법

똑똑하지 않은 사람이 똑똑해 보이게 하는 방법이 있다. 묻는 말에 핵심을 말하는 거다. '당신이 잘하는 일은 무엇인가요', '당신이 다른 사람과 다른 특별한 점은 무엇인가요'라고 물어볼 때 제대로 답할 수 있는 사람은 별로 없다. 묻는 말에 결론만 짧고 명확하게 말하고 주장한 것의 근거가 되는 이유 3가지를 첫째, 둘째, 셋째 말하면 논리적인 사람으로 보인다. 간단해 보이지만 생각만큼 쉽지 않다. 자기소개를 하라고 하면 제대로 소개 못 하는 사람이 대부분이다. 신수정 작가의 <일의 격>에 있는 말이다.

묻는 말에 핵심만 명확하게 하려면 평소 생각을 요약해서 생각의 덩어리로 묶어보는 훈련이 필요하다. 유사한 것끼리 모아 그룹화하는 것을 구조화라고 부른다. 이삿짐을 거실에 풀어놓고 비슷한 것끼리 모아 위치를 잡는 것과 비슷하다. 퇴근길 집에서 전화가 온다. 마트에 가서 사과, 배, 치즈, 버터, 요구르트, 우유, 파, 당근, 감자, 양파, 쌍화탕, 장난감, 맥주를 사 오라고 한다. 통화를 마치면 머릿속이 복잡하다. 사과와 배는 1층 과일코너에 있고, 치즈, 버터, 요구르트, 우유도 1층 유제품 코너에. 파, 당근, 감자, 양파는 1층 채소 판매대로, 약국은 2층에, 장난감은 3층에 위치한 것을 생각해 본다. 어디부터 시작해야 할지 고민한다. 3층부터 2층, 그리고 1층으로 가서 계산하고 집으로 가면 되겠다고 판단하고 움직인다.

뇌는 감각으로 들어온 신호를 감지하면 중요한 것인지 아닌지 가려낸 후에 중요하지 않은 것은 잊어버리고 중요하다고 생각하는 것에 집중한다. 손잡이를 왼쪽으로 돌릴지, 오른쪽으로 돌릴지 생각한 후에 문을 여는 사람은 별로 없다. 두발자전거를 처음에 탈 때는 넘어지기를 몇 차례 하다가 어느 순간 균형을 잡고 자전거와 한 몸이 된 듯 편안하게 타게 된다. 평소 내가 익숙한 분야의 책은 쉽게 읽히지만, 낯선 분야의 책은 잘 읽지 못한다.

뇌는 게으름쟁이라서 중요하지 않은 것은 신경 쓰지 않으려 한다. 비슷한 특성끼리 잘 묶어서 쉽게 설명된 것을 들었을 때 편안하다. 일터에서 윗사람에게 보고할 때 인정을 받으려면 구조화를 잘해서 윗사람의 뇌가 편안한 방식으로 보고해야 한다. 뇌가 좋아하는 방식으로 기록하고 요약하는 훈련이 필요하다.

필자는 마인드맵을 활용하여 기록한다. 보통 남의 생각을 읽어오는 방법과 내 생각을 전달하는 방법으로 구분한다. 먼저, 남의 생각을 읽어오는 법에서 첫 번째, 강연을 들을 때 기록법이다. 에버노트, 노션, 한글, MS워드 등 기록할 수 있는 오피스 프로그램에 강연 내용을 적는다. 속기하듯 적지 말고 강사의 말에서 핵심을 찾아 적는다. 네이버 크로바 노트처럼 음성 인식 AI를 활용하여 글자 변환한 것을 활용하는 경우가 있는데, 글자 변환한 것을 다시 요약하는 데 시간이 오래 걸리는 경험을 했다. 강사의 말을 뇌에 넣었다가 핵심 문장으로 바로 적어내는 것이 실력이다. 이렇게 적어낸 것을 보면 텍스트로 이뤄져 있으므로 한눈에 보는 데 어려움이 있다. 이때 마인드맵으로 전체를 한 장으로 그린다.

생각의 덩어리로 묶는 거다. 우리의 뇌가 좋아하는 방식으로 만든다. 비슷한 것끼리 덩어리로 묶고 분류한다. 보통 도입, 본론, 마무리 3개의 구조를 미리 그려 놓고 알맹이를 넣는 방식을 취한다. 강사의 말을 다 정리하면 내 생각을 적는다.

본 것, 깨달은 것, 적용할 것으로 구분하여 적는다. 이때 중요한 것은 강사의 말을 정리한 것을 안 보고 생각나는 대로 적는 것이 핵심이다. 1장의 맵이 완성되면 영감이 떠오른다. 이때 재빠르게 글을 쓴다. 한 편의 글을 쓰면 온전히 내 것이 되었다고 할 수 있다.

여기에 하나 더 보태면 다른 사람에게 말해본다. 말로 하다 보면 글로 썼던 부분도 말로 표현하지 못하는 부분이 있다. 그 부분을 다시 점검해 보면 100% 학습한 것으로 생각하면 된다.

둘째, 책을 읽을 때 기록법이다. 우선 책을 전체 읽는다. 읽고 났는데 전체 내용이 매끄럽게 기억나질 않는다. 가능하면 밀리의 서재나 예스24, 윌라 등의 전자책 음성을 듣는 것을 동시에 하면 효과적이다.

1권의 책을 읽었으면 마인드맵으로 정리한다. 전체를 보는 거다. 전망대에 올라가 내려다보면 도시 전체의 모습을 볼 수 있는 것과 같은 이치다. 예스24, 교보문고, 알라딘 등과 같은 도서 판매 사이트에 들어가면 책 정보를 찾을 수 있다. 그곳에서 목차를 복사해서 맵에 기록한다. 책 소개 내용도 함께 적는다. 책을 보고 밑줄 쳤던 부분을 적는다. 내 생각으로 바꿔 적으면 좋다.

이제 내 생각을 적는다. 본 것, 깨달은 것, 적용할 것을 기록하고 강연 정리한 것과 마찬가지로 한 편의 글을 쓴다. 이런 훈련을 몇 번이고 반복하면 핵심을 파악하는 역량이 높아지고 글을 쓰는 능력도 높아진다.

셋째, 칼럼 등 정리된 글을 읽을 때 기록법이다. 내 취향에 맞는 칼럼을 뽑아서 마인드맵으로 기록한다. 생각의 구조가 잘 정리된 칼럼은 마인드맵으로 요약하기 편하다. 마인드맵을 만드는 과정에서 학습이 되고 이미지로 인식하여 오랫동안 기억할 수 있는 힘을 갖게 된다. 칼럼을 쓴 사람의 핵심 내용을 뽑아서 마인드맵에 기록하고 내 생각으로 기록한다. 칼럼의 내용이 잔상으로 남지만 내 생각의 필터로 여과해서 글로 표현하면 새로운 글이 나오게 된다.

내 생각을 전달하는 방법이다. 일터에서 팀원들과 소통하거나, 상사에게 보고할 때 마인드맵으로 정리한 자료를 활용하여 문서로 보여주고 말로 설명하면 효과적인 소통을 할 수 있다. 문서 없이 말로만 소통하면 전달받은 내용의 20%밖에 전달되지 않는다고 한다. 1장의 이미지로 생각의 흐름을 논리적으로 보여주면 뇌가 좋아하는 방식의 표현이라 이해가 쉽다.

팀원들과 마인드맵인 씽크와이즈 프로그램을 활용하여 같은 화면을 동시에 접속해 실시간으로 협업해서 일한다. 통상 연초가 되면 앞으로 1년 동안 해야 할 비전, 목표, 전략, 추진계획, 일정 등을 마인드맵에 기록한다. 지난간 일도 기록하고 앞으로 해야 할 일도 기록한다. 관련 문서는 첨부파일로 마인드맵에 마우스로 드래그앤드롭으로 붙여 넣으면 씽크와이즈 프로그램에 기록되므로 우리 팀은 각자가 하는 일을 실시간으로 공유한다. 항상 같은 곳을 마인드맵으로 바라보고 있다.

비전, 미션, 프로젝트를 명확하게 정의하고 일정과 연결해서 행동으로 옮기기 때문에 생각을 성과로 만들 수 있다. 명확한 목표와 명확한 일정이 생각을 성과로 만들 필요조건이다. 마인드맵으로 프로젝트를 그려 보면 전체를 보기 때문에 빠진 부분이 무엇인지 파악하기 쉽고 전체 숲을 보고 구체적인 나무들, 즉 할 일을 볼 수 있기 때문에 빠짐없는 일 처리가 가능하다.

　석사학위논문을 작성할 때 마인드맵인 씽크와이즈를 활용했다. 논문을 읽을 때 논리구조를 씽크와이즈에 적어 보면서 파악했고, 틈틈이 읽은 논문의 내용을 씽크와이즈에 기록했다. 떠오른 아이디어가 있거나 논문의 목차 등을 정리할 때 씽크와이즈에 기록했다. 찾아낸 연구논문 자료도 씽크와이즈에 하이퍼링크로 붙여 놓으면 편리하다. 연구모형을 그릴 때고 활용했다. 파워포인트보다 빠르고 수정하기도 수월하다.

　뇌가 좋아하는 방식으로 일상을 기록해 보자. 기록하면 생각을 명확히 할 수 있고, 원하는 것을 찾아낼 수 있으며, 생각을 행동으로 옮길 수 있다.

　벤저민 프랭클린은 미국의 역사를 빛낸 역사적 인물이다. 그의 기록에서 우리는 인간 정신의 참된 힘과 열정을 보게 된다. 어린 시절 가난한 가정에서 태어난 벤저민 프랭클린은 책벌레였다고 한다. 독서를 통해 생각을 표현하는 훈련을 했다. 벤저민 프랭클린은 감명 깊은 기사를 읽으면 요점을 간략히 적어 놓고 적어 둔 요점만으로 글을 썼다고 한다. 원래 문장과 자신의 문장을 비교하면서 깊은 글과 문장을 작성하는 방법을 익혔다. 읽고, 요약하고, 쓰리고 문장력을 키웠다. 이 시기가 벤저민 프랭클린의 자기 성장의 중요한 도구로 작용했다.

어려운 환경에서도 꾸준히 지식을 쌓아가며 인쇄공에서 독립신문 발행자, 성공한 사업가로 성장했다. 그의 꾸준한 노력은 인류 역사에 남을 발명과 연구가 완성되었다. 그는 미국의 독립과 건국에 지대한 공을 세웠다. 벤저민 프랭클린의 삶은 우리에게 깨달음을 주고 영감을 준다. 기록으로 연결된 그의 끈기와 열정을 배울 수 있다면, 이 세상에서 어떤 일이든 이룰 수 있다고 생각한다.

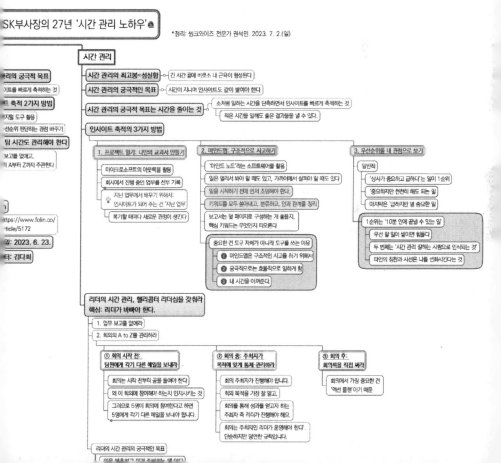

공무원 업무 생산성 향상 방법

시간 관리는 업무 생산성을 향상하는 좋은 방법이다. 하루 일과 중에 오로지 일에 집중할 수 있는 시간이 과연 몇 시간이 될까? 상사의 눈치를 보며 일하는 척 앉아 있지는 않은 지? 앉아서 모니터를 보고 일을 하더라도 과연 집중하고 있는가? 다른 생각을 하고 있지는 않은가? 상급 기관에서 제출 요구자료를 처리하고, 서무담당이 요구하는 업무 협조 사항에 대응하고, 상사가 요구하는 것, 전화 응대 등 내가 아닌 다른 사람들이 요구하는 것에 따라 일을 하는 것이 전부라고 생각하지는 않는가? 1시간이면 처리할 일을 3시간이나 걸려서 처리하고 있지는 않은가?

똑같이 주어진 시간도 얼마나 효율적이고 생산적으로 사용하느냐에 따라 일을 처리하는 양이나 속도, 질에서 많은 차이가 나타난다. 아침에 일어나 해야 할 일을 머릿속으로 미리 생각하고 출근한다. 일의 중요도에 따라 중요하고 급한 것을 먼저 처리한다. 중요하지만 급하지 않은 일은 시간 계획을 세워 정해진 일자에 따라 업무 속도와 방법을 조절하여 처리한다. 각자의 생체리듬을 고려하여 집중할 수 있는 시간을 확보해야 한다.

업무에 집중할 수 있는 시간을 확보하면 생산성이 높아진다. 9시 이전에 출근하면 보통 9시가 될 때까지 업무를 하지 않고 스마트폰을 보면서 시간을 허비하는 경우가 있다. 9시 이전에는 전화도 울리지 않고, 상급자도 불러서 자료 요구를 하지 않으며, 사내 메신저를 통해 업무협조도 없다. 9시 이전의 시간을 활용해야 한다. 9시 이전 시간이 아니더라도 스스로 9시부터 11시까지는 업무 집중시간을 나름대로 잡아 놓고 일하는 것이 좋다. 이 시간에는 오로지 그날 자신이 처리해야 할 일을 우선 처리하면 업무성과도 높아지고 자기만족감도 향상된다.

업무의 질적 수준을 조절해야 한다. 모든 일을 완벽하게 해 내면 좋지만 100% 완벽하게 하지 못하는 것이 현실이다. 그렇다면 몰입해야 해야 할 일과 조금은 퀼리티를 낮추는 일을 구분할 수 있어야 한다. 업무 중요도와 우선순위를 구분하는 거다. 기관의 장이 지시한 사항은 검토 속도를 빠르게 하고 질적 수준도 높여야 한다. 업무 집중도가 필요한 업무다. 평가에 대응하는 업무도 시기에 적절하게 업무를 추진하되, 평가지표가 여러 개인 경우 퀼리티를 분배하여 조정하는 유연성을 가져야 한다. 사소한 일에 질적 수준을 높이면 정작 중요한 일에 집중하지 못해 마감 시간을 놓치게 될 수 있다. 제출해야 할 시기를 미리 예견할 수 있다면 제출해야 할 마감일보다 50% 더 당겨서 일을 추진해야 한다. 우리가 예상하지 못한 돌발 변수들이 발생할 수 있기 때문이다.

처리한 일은 잘한 것과 아쉬운 것을 정리하는 습관을 지녀야 한다. 행사가 끝나면 부족했던 부분들이 나온다. 본인을 위해서 그리고 후임자를 위해서라도 행사에서 부족했던 점을 정리해서 평가하는 시간을 갖는 것이 좋다. 일도 학습이다. 소중한 경험을 흘려버리지 말고 기록해 두면 실수를 줄일 수 있고, 업무역량을 높이는 방법이다.

대화한 사람을 관찰하고 기록하라. 동료가 상사와의 소통 과정에서 어떤 말을 했는지, 어떤 자료를 참고해서 보고서를 만드는지 살펴보는 것이 업무 향상에 도움된다. 다른 사람의 업무 준비 방법과 소통 방법, 태도 등에서 배울 점이 있는지 찾아보는 습관은 업무 역량을 높이는 방법이다.

상사에게 보고하는 과정에서 상사의 의사결정을 이해하고 분석하라. 상사는 의외로 자신이 생각하지 못한 부분을 찾아 말씀하는 경우가 있다. 상사의 질문과 판단을 읽어내고 의미를 찾아내야 한다. 이런 습관이 반복되면 상사가 어떤 기준과 원칙으로 의사결정을 하는지 파악할 수 있고 대응할 수 있다. 연차가 올라갈수록 시야도 확장되고 깊어질 거다.

일터에서의 삶에 만족하며 살지 말아라. 일터에서 하루 종일 열심히 일했다는 만족감에 일과 후의 시간을 허투루 흘려보내는 것은 좋지 않다. 특히 공무원이 일에서 창의성과 전문성을 발휘하기 위해서는 다양한 지식을 내재화해 일을 처리할 때 여러 요소를 종합적으로 적용하고 융합할 수 있는 역량을 발휘해야 한다. 조직 안에서 해온 문서를 반복 재생산하면 발전이 없다. 다양한 분야의 독서를 통해 학습한 지식을 자기화해 일에 적용해 보면서 일을 처리하는 방식을 바꿔보거나 다양한 방식의 시도로 발전시켜 나가야 한다. 일터에서의 일과 자기 계발을 따로 하는 것이 아니라 일이 자기 계발이고 자기 계발을 일에 적용하면서 동시성을 가져가야 한다. 다양한 사람을 만나고 세미나, 콘퍼런스 등을 참여해 여러 경험을 확대하는 것이 업무역량을 향상하는 데 도움이 된다.

적당히 일하려 하지 말고 '조금만 더'라고 생각하며 일하자. 조금만 더 할 수 있는데, 적당히 일 처리를 하려는 경우를 볼 때 안타까운 마음이 든다. 상급 기관에서 제출 요구 문서, 조직 내부 협조 사항, 상사의 지시를 처리하는 것에 그치지 말고 스스로 업무 발전 방향을 고민하고 업무 향상을 위한 방법을 적용하여 능동적으로 업무를 주관하려는 태도가 바람직하다. 능동적 업무처리는 자기 자존감을 높이는 방법이며, 인정받는 길이다. 당장 어려움을 벗어나기 위해 쉬운 길을 택하려 하지 말고 어렵더라도 극복하고 이겨내는 태도가 자신을 발전시키는 길이다.

평소 다양한 경험과 교육으로 업무 역량을 차곡차곡 쌓아야 한다.

공무원 중에서 보고서 작성 교육을 받은 사람이 몇 명이 될까? 일 잘하는 방법과 관련된 책이나, 보고서 작성법, 기획력 향상 관련 도서를 사서 읽고 업무에 적용한 사람이 몇 명이 될까? 자기 일에 애정을 갖고 발전시켜 보고 싶다는 욕구가 있는 사람이 하는 일이다. 필자도 3년 전만 해도 하루 하는 정도의 보고서 작성 교육을 몇 차례 받아보고, 중앙부처에서 배부한 보고서 작성법을 조금 훑어서 읽어보는 수준이었다. 2021년부터 일 잘하는 법, 시간 관리, 보고서 작성법, 기획하는 방법, 글 쓰는 방법, 생각하는 방법, 말하는 방법 관련 책을 수십 권 읽었다. 책을 사서 읽어본 사람과 그렇지 않은 사람은 분명 차이가 있다. 책에서 본 내용을 바탕으로 업무 처리 과정에 적용해 보고 실천해 봤더니 경험과 자기 생각만으로 업무 처리했던 방식과 분명 차이가 있다는 것을 알았다. 수영을 혼자 배운 사람과 수영강사로부터 배운 사람은 속도나 갈 수 있는 거리에서 상당한 차이가 나는 것과 같은 이치다.

누구나 자기 역량을 강화하기 위해 일 관련 책을 사서 보거나 도서관에서 빌려 볼까? 그렇지 않다고 생각한다. 자기 자신을 소중히 여기고 발전시키려는 욕망이 있는 사람이 아니라면 어려운 일이다. 아무리 영양가 있고 몸에 좋은 약이라고 알려줘도 본인이 필요성을 느끼지 못하면 먹지 않는다. 태도는 자신의 욕망이 있는지 없는지에 따라 차이가 난다. 씨앗을 뿌린다고 모두 뿌리를 내리고 열매를 맺는 것이 아니다. 씨앗에 물을 주고, 거름을 주며, 햇볕도 비춰주고 바람도 쐬어 주어야 잘 자랄 수 있듯이 사람도 일과 자신에 대한 자기 가꿈이 필요하다. 차곡차곡 시간과 노력을 축적하면 자신도 모르는 사이에 높은 수준의 역량을 가지고 일과 자기 삶에서 큰 힘을 발휘할 거다.

공무원 자기계발 단상

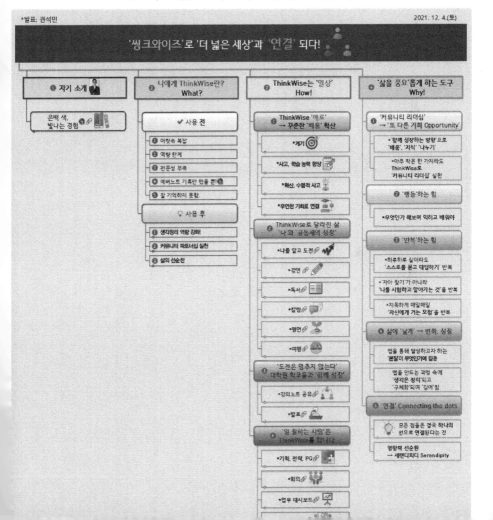

*발표: 권석민 2021. 12. 4.(토)

'씽크와이즈'로 '더 넓은 세상'과 '연결' 되다!

❶ 자기 소개

은백 색, 빛나는 경험

❷ 나에게 ThinkWise란? What?

✔ 사용 전
- ❶ 머릿속 복잡
- ❷ 역량 한계
- ❸ 전문성 부족
- ❹ 에버노트 기록만 했을 뿐
- ❺ 잘 기억하지 못함

☆ 사용 후
- ❶ 생각정리 역량 강화
- ❷ 커뮤니티 파트너십 실천
- ❸ 삶의 선순환

❸ ThinkWise는 '일상' How!

ThinkWise '매료' → 꾸준한 '배움' 확산
- •계기
- •사고, 학습 능력 향상
- •확산, 수렴적 사고
- •우연한 기회로 연결

❷ ThinkWise로 달라진 삶 '나'와 '공동체의 성장'
- •나를 알고 도전
- •강연
- •독서
- •강령
- •명언
- •여행

❸ '도전은 멈추지 않는다' 대학원 학우들과 '함께 성장'
- •강의노트 공유
- •발표

❹ '일 잘하는 사람'은 ThinkWise를 합니다
- •기획, 전략, PQ
- •회의
- •업무 대시보드

❹ '삶을 풍요'롭게 하는 도구 Why!

❶ '커뮤니티 리더십' → '또 다른 기회 Opportunity'
- •함께 성장하는 방향'으로 '배움', '지식' '나누기'
- •아주 작은 한 가지라도 ThinkWise로 '커뮤니티 리더십' 실천

❷ '행동'하는 힘
- •무엇인가 해보며 익히고 배워야

❸ '반복'하는 힘
- •하루하루 살더라도 '스스로 묻고 대답하기' 반복
- •'자아 찾기'가 아니라 '나를 시험하고 알아가는 것'을 반복
- •지독하게 매일매일 '자신에게 거는 모험'을 반복

❹ 삶에 '날개' → 변화, 성장
- 앱을 통해 달성하고자 하는 '본질'이 무엇인가에 집중
- 앱을 만드는 과정 속에 '생각은 정리'되고 '구체화'되며 '깊어'짐

❺ '연결' Connecting the dots
- 모든 점들은 결국 하나의 선으로 연결된다는 것
- 영향력 선순환 → 세렌디피디 Serendipity

필자는 자기 계발하고는 담을 쌓고 살아왔다. 자기 계발할 시간이 없었다. 지금 눈앞에 보이는 현안, 문제를 해결하는 것이 더 절실했기 때문이다. 일을 열심히 하지 않고 자기 계발이나 학습 등에 한눈을 파는 공직자를 오히려 평가절하했다. 조직에 헌신하는 것을 당연히 여겼다. 내 모든 것을 바치는 것이 공직 생활을 잘하는 것이라 여겨왔다.

공무원 조직에서 자기 계발은 일을 안 하는 사람으로 비친다. 특히, 지방자치단체에서 4~5급 공무원들의 공무원 전문 교육기관(지방자치인재개발원 등)에 교육을 가는 것은 승진과 멀어지는 일로 여겨진다. 조직의 중심 역할에서 밀려 귀향 가는 것처럼 보이기도 하고 실제 그렇기도 하다. 요즘은 조금 상황이 바뀌어 6급 장기 교육은 서로 경쟁하면서 선발하지만 10년 전만 해도 그다지 인기가 지금만 못했다. 오랫동안 교육을 다녀오면 근무성적 평정 등에 뒤로 밀리기 때문이었다. 교육을 다녀오면 좋은 보직을 주지 않는다. 너희들이 교육을 다녀오는 동안, 조직에 일한 사람들은 너희들이 교육받는 기간에 일했기 때문에 교육을 다녀온 너희들은 불이익을 좀 받아도 돼. 이런 공직 문화를 무시하고 교육을 가기는 쉽지 않다.

교육에 대한 공무원의 인식도 문제가 있다. 교육을 쉬는 목적으로 대하는 경향이 있다. 필자는 경기도인재개발원에 핵심인재 10개월 교육과정에서 최우수상과 장원급제를 했다. 어떤 이들은 교육까지 가서 뭐 그렇게 열심히 했느냐고 말한다. 자기 역량을 높이려고 교육을 가는 사람도 있지만 대부분의 공무원은 업무를 떠나 좀 쉬기를 바랄지도 모른다. 힐링을 주제로 한 교육과정이 인기가 있는 이유가 그러하다. 교육의 방향이 새로운 생각을 할 기회 제공 측면도 좋다고 생각하지만, 조직의 역량을 강화하기 위해 부족한 부분을 끌어올릴 수 있는 방향에 집중해야 한다고 생각한다. 필자는 공직사회에서 가장 중요한 분야가 교육 분야라고 본다. 핵심 인재를 양성해야 한다. 공무원이 똑똑해야 나라가 발전하고, 국민의 삶의 질이 높아지기 때문이다.

사실 일하면서 자기 계발하기가 쉬운 일은 아니다. 공부하는 습관이 길러지지 않았거나, 공부할 시간을 확보하지 못하면 할 수 없는 일이다. 연초가 되면 책을 매월 1권씩 읽겠다고 야심 차게 다짐하고 계획을 세우지만, 불과 1개월도 되지 않아 포기하는 사람들이 대부분이다. 마음은 있으나 몸이 따라가질 못한다. 필자도 1년에 책 한 권 제대로 읽지 못했었다. 책의 내용이 이해가 안 되었고, 억지로 읽어내려 해도 뒤돌아서면 잊어버렸다. 인내심은 바닥나고 이내 포기해 버린다.

자기 계발이 왜 필요한가? 색다른 시선, 관점을 가질 수 있다. 폭

넓은 사고와 깊은 통찰을 할 수 있다. 논리력은 향상되고 일과 삶을 맥락 있게 살아낼 수 있다. 전체를 보는 시야와 조각조각의 일들에서의 역할을 알아내는 데 효과적이다. 자신을 객관적으로 바라볼 수 있으며, 타인에 대한 배려도 깊어진다. 교육을 다녀와서 남는 것이 없다고 말하는 이들이 있지만 동의하지 않는다. 뇌 속 어딘가에 분명히 남아있다. 뇌에서 끄집어내지 못할 뿐이다.

자기 계발에는 끈기가 필요하다. 새롭게 영어 공부를 한다고 하자. 처음엔 열심히 한다. 한 달쯤 되었을 때 실력이 별로 늘어난 것 같지 않으면 해도 안 되네 하고 이내 포기하고 만다. 집요하게 인내심을 갖고 두 달, 석 달 서서히 귀가 뜨이는 경우를 경험하게 된다. 최인아 책방의 책방 마님 최인아 대표는 세바시 강연에서 '불확실성의 구간'을 말했다. 노력하지만 되는지 안 되는지 알 수 없고, 그래서 사람들은 해도 안 되네 하고 하나, 둘 빠지기 시작한다고. 영화 '암살'에서 염석진(이정재)이 독립운동을 하다 배신을 했다. 독립운동을 하는 사람들을 잡아들이는 경찰로 살아오다 해방이 되었다. 재판에 부쳐졌고, 무죄 판결을 받고 나온다. 예전에 함께 독립운동했던 동지가 따라 나와서 물었다. '그때 왜 우리 동지들을 배반했어?' 염석진은 답한다 '해방될지 몰랐으니까'라고. 염석진은 '불확실성의 구간'을 빠져나오지 못한 것이다. '불확실성의 구간'을 빠져

나갈 수 있느냐 못하느냐는 '태도'에 달려 있다. 나에게 주어진 스트레스도 내가 어떤 마음가짐으로 바라보느냐에 따라 스스로 선택한 스트레스로 바꿀 수 있다. 긴 관점에서 바라보자. 지금의 고통은 배움이 과정으로 바라볼 수 있다. 고통은 줄어들고 새로운 동기가 생겨날 거다.

자기 계발은 사치라고 생각했다. 지금은 치열하게 하루를 살아내는 사람으로 바뀌었다. 무엇이 필자를 바뀌게 했을까? 2020년 우연히 경기도인재개발원 6급 핵심인재과정 장기 교육의 기회가 찾아왔다. 내향적인 성격을 가진 필자는 편안히 좀 쉬다가 돌아가야겠다고 마음을 가졌었다. 교육과정 중의 두 개의 메시지가 마음을 울렸다. 하나는 "오늘도 나를 응원한다."라는 문장이었다. 참으로 따뜻했다. 한 번도 나를 응원한다는 말을 해 본 적이 없었다. 다른 하나는 1년 후의 나의 모습, 나의 성장과 변화, 그리고 10년 후의 나의 모습은 어떨까요? 라는 질문이었다. 분명한 목표와 방향 설정이 중요하다고 했다. 그동안 내가 잊고 살았던 것이었다. 공무원이 '10년 후에도 공무원이지' '정년이 보장되어 있고 퇴직하려면 아직도 많이 남았는데, 무슨 목표야'라며 애써 외면해 왔다.

시간의 유한성을 깨달았다. 우연히 강규형 저서<성과를 지배하는 바인더의 힘>을 읽었다. 시간은 누구에게나 공평하게 주어진다. 하루 86,400초. 통장에 잔고처럼 남아있지 않다. 어떤 이는 새는 데 없이 알차게 86,400초를 사용하는데, 누구는 물 흐르듯 흘려버린다는 내용이다. 당연한 말일지 몰라도 나에겐 큰 충격이었다. 과연 나는 시간을 어떻게 사용해 왔던가? 충격이었다. 그 후 필자는 교육 기간 강사분들의 강연을 전부 기록하기 시작했다. 마치 속기하듯 말이다. 기록한 것들을 마인드맵으로 구조화하며, 이미지로 각인시켜 보기도 했다. 놀라웠다. 긴 글은 글씨들만 보여 내용을 파악하려면 처음부터 끝까지 읽어내어 의미를 되새겨야 했지만, 마인드맵의 형태로 구조를 파악해 보면서 정리한 맵은 시각적으로 뇌에 각인되었다.

학습한 것을 마인드맵으로 그렸다. 스피치를 잘하기 위해 세바시 강연 구조를 마인드맵으로 파악했다. 도입, 본문, 마무리 3개 구조로 그려내면 강연자의 말하려는 메시지를 명확히 할 수 있고, 논리력이 향상된다. 자기 생각과 깨달음, 삶에 적용할 부분까지 적어내면 금상첨화다. 칼럼은 논리력 향상에 더 도움된다. 칼럼은 시작은 일상의 에피소드로 깨달은 것들 적어내는데 마지막에 작가가 하려는 메시지가 나타난다. 마인드맵으로 뭉쳐있던 것들을 조각조각 파헤쳐서 다시 생각의 덩어리들로 묶어낸다. 맵을 작성하는 과정 중에 생각은 더 단단해진다.

책을 읽고 독서 노트를 만들면 책을 내용을 장기기억으로 가져갈 수 있다. 전체를 3개 구조로 만든다. 책 소개, 목차, 생각. 책 소개에는 저자, 부제목, 출판사, 발행일자, 쪽수, 주요 문장, 책 표지 등을 적어낸다. 목차는 예스24 또는 교보문고 홈페이지에서 목차를 복사해서 넣어준다. 전체 책의 구조를 파악할 수 있고, 저자가 말하려는 메시지의 맥락을 파악할 수 있다. 생각은 본 것, 깨달은 것, 적용할 것 3가지 형태로 적어준다. 본 것은 기억할 만한 문장들을 기록하고, 깨달은 것은 색다른 관점이나 생각 등을 적어준다. 적용할 것은 내 삶에 하나 정도는 꼭 실천할 수 있는 것으로 만들어 준다.

필자는 씽크와이즈라는 마인드맵 도구를 사용한다. 씽크와이즈로 나는 어떤 사람인지, 나는 무엇을 할 때 기분이 좋은 지, 싫어하는 것은 무엇인지, 남들이 보는 나의 강점과 단점은 무엇인지 등을 적어봤다. 처음으로 나를 알아보는 시간이었다. 다른 사람들이 좋아하는 것을 해왔던 나였다. 나를 알아가는 과정 중에 새로운 꿈을 꾸었다. 장기 교육을 마치고 복귀하게 된다면 사내에서 '씽크와이즈 강의 해야겠다' 라는 꿈이었다. 사람은 공부해야 꿈이 생긴다. 입문한지 1년 8개월 만에 사용자 콘퍼런스의 발표 기회를 얻었었다. 마법 같은 일이었다. 이후. 씽크와이즈를 통해 만들어 낸 생각의 덩어리들이 화산 폭발하듯 뿜어져 나왔다.

필자는 우연을 믿는다. 영어로 세렌디피티(serendipity)라고 한다. 우연한 기회가 내게 수없이 많이 찾아왔다. 콘퍼런스 이후 앞서 교육 중에 꿈꿔온 일이 일어났다. 씽크와이즈 강의를 사내 공직자 대상으로 4회 진행했다. 꿈이 실현되는 순간이었다. 강의가 끝나고 강의 소감을 글로 남겨주었다. 큰 용기가 되는 메시지들이었다. 이후 경북도청에서 씽크와이즈 활용사례를 강의하는 기회가 주어졌다. 사실 강사가 아니니 강연이 매끄럽게 이뤄지지는 않았지만, 내게 큰 용기를 냈던 것이었고 결국 해냈다는 자신감을 가질 수 있었다. 수원대학교 행정학과 학생을 대상으로 취업특강도 했고, 화성시 문화재단에서 직원교육도 했다. 세바시 대학 졸업생 자격으로 '낯선 환경이 주는 변화'라는 주제로 스피치까지 했다. 2년 동안 매번 떨어졌던 브런치 작가도 승인되었고, 대학원도 도전하여 최우수 논문상을 수상하며 영광스러운 졸업을 맞이하기도 했다.

업무에서도 성과가 나타났다. 필자는 2021년 1월에 장기 교육 후 업무로 복귀하면서 팀원들과 함께 씽크와이즈를 사용했다. 씽크와이즈 협업 기능을 이용하여 우리 팀 마스터맵을 만들었다. 이 맵에는 우리 팀의 비전, 목표, 추진전략, 추진계획 등 명확한 목표를 설정해서 시각화했다. 달력 형태로 맵을 만들어 업무를 기록하고 관련 파일을 씽크와이즈에 업로드했다. 우리 팀은 서로 하는 일을 공유하게 되었고, 팀장과 팀원이 가고자 하는 방향을 같이 보고 있었다. 우리 팀의 성과는 놀라웠다. 우리 팀이 받을 수 있는 모든 상을 받게 된 거다.

매일매일 새로움을 찾는다. 업무에서 일에서 질문하는 방법을 찾아가며 본질이 무엇인지, 왜 해야 하는지, 무엇을 하고 싶은 것인지, 어떻게 해야 하는지 색다르게 문제해결에 다가서려 한다. '불확실성의 구간'을 넘어 지향하는 북극성을 찾아 한 발 한 발 내디딘다.

평소 좌표를 그려야 한다는 말을 자주 하곤 한다. 지금 나는 어디에 있고, 어디로 향해가고 있는지. 나의 지향점은 명확한지, 그것이 내가 진정 원하는 것인지 등을 매 순간 질문한다. 필자는 아침에 일어나면 가장 먼저 하는 일이 있다. '나는 할 수 있다'를 10번 외치고 일어난다. 아침에 눈을 뜨면 두렵다. '나는 할 수 있다'를 10번 외치면 자신감과 용기가 생긴다. 발걸음은 더욱 씩씩하고 가벼워진다. 타인과 비교하지 않고 어제의 나와 지금의 나를 비교한다.

2002년 25세에 임용된 이후 지금까지 줄곧 공무원만 했다. 21년 동안 공무원을 하면서 처음 공직에 임용되었을 때의 마음과 자세는 현재와 아주 다르다. 사람은 계속 성장하고 변화한다. 공무원은 철밥통이어야 할 필요는 없다. 공무원은 구글의 직원처럼 일하면 안 되는가? 유연한 조직의 문화와 관련된 책에서 학습한 내용을 공직에 적용하면 안 되나? 꿈을 꾼다. 실현하기 위한 방법을 찾는다. 행동한다. 박종호 저자의 책 <코로나 시대의 편지>에서는 '공부하는 노년'이라는 장에 나오는 돈키호테처럼 '최소한 꿈을 가슴에 지니고 살자'라는 문구를 좋아한다.

필자가 공무원으로서 삶의 전환점을 갖게 되고, 치열하게 하루하루를 이겨낸 이야기를 전하고 싶다. 씽크와이즈를 활용하여 업무에서 일상에서 어떻게 적용했고 어떤 효과를 가져왔는지 풀어낼 것이다. 유병욱 CD(Creative Director)의 강의에서 '자존의 필터'로 일을 바라봤더니 실수에 예민해지고 성공의 기준점이 높아졌고 말했다. 최진석 교수는 '꿈이 없는 삶은 빈껍데기일 뿐'이라고 말했다. 자존의 필터로 세상을 바라보고, 조금 더 높은 곳의 시선으로 바라보고, 조금 더 나은 사람이 되기 위한 삶을 찾아 애쓰는 이들에게 도움이 되었으면 한다.

공무원에게도 브랜드가 있다

공무원에게도 브랜드가 있다. 브랜드라는 단어는 가축에 인두로 각인해서 소유를 나타내는 행위에서 비롯되었다고 한다. 브랜드는 내가 다른 사람과 구별되는 상징과 같다. 브랜딩은 브랜드를 브랜드답게 만들어 가는 과정이다. 브랜딩은 오랫동안 다른 사람과 구별되는 행위들이 이어져 각인된 모습이다. 한 번에 이뤄지는 것이 아니라 지속적인 활동들로 만들어진다. 내가 타인과 구별되는 활동들의 총합이 브랜딩이다. 브랜딩을 해 나가는 과정에서 내가 타인과 구별되는 점이 무엇인지 정의하고 무엇을 남겨야 할지를 고민해 봐야 한다. 질문이 생긴다. 공무원 조직 내에서도 기획전문가, 인사전문가, 예산전문가 전문영역이 생긴다. 이 브랜드가 본인이 원해서 생긴 것일까? 정말 전문가인가? 실력보다 인식이 높은 것은 아닌가?

전우성 작가의 책 <그래서 브랜딩이 필요합니다>에서는 브랜딩을 위해서 '나만의 차별성을 정의해야 한다'고 말한다. 내 모습을 정의한 후에는 내가 할 수 있는 것과 상징하는 것이 일치해야 함을 강조한다. 성공한 사례를 많이 만들어야 한다. 몇 번의 성공이 아닌 '꾸준함'이 핵심 포인트다. 성공사례를 알리기 위해 강연이나 글을 쓰기도 한다. 이 모든 과정이 브랜딩이다.

공무원도 브랜딩 활동을 통해 자신의 네임 벨류가 만들어질까? 일부는 맞고 일부는 틀린다. 공무원 조직에서 사람들에게 인지된 이미지는 실력보다 부풀려져 있을 가능성이 높다. 공무원의 일이 대단히 전문적인 일은 아니기 때문이다. 하지만 일을 대하는 태도는 일치할 가능성이 높다. 일과 사람은 같이 간다. 일을 대하는 태도를 보면 그 사람의 성향 어느 정도 일치한다. 누가 시키지 않아도 스스로 일하는 사람, 애쓴 만큼 발전하는 결과물에 만족해하는 사람, 자신의 자아실현을 회사가 추구하는 목표와 일치시키는 사람이 이런 부류의 성향이다.

공무원 조직에서 브랜딩은 본인이 원해서 붙여진 것이기보다는 그 분야에 일이 주어졌고 오래 하다 보니 그 분야의 전문가로 불리는 경우로 봐야 한다. 내가 원하고, 내가 할 수 있고, 내가 잘하는 것을 찾아서 다른 사람과의 차별성을 가진 것이 아니란 뜻이다. 공무원 조직의 특성상 순환보직이 인사원칙으로 하고 있고 넓은 분야에 얕은 지식을 갖게 되는 특성이 있다. 일부 실무자 때 업무를 봤다고 해서 팀장이나 과장 때 같은 보직을 주는 경우가 있다. 회전문 인사라고 한다. 회전문 인사는 다양한 인재를 양성하고 조직의 우수인력을 만들어 내는 데 악영향을 미친다. 반면 했던 사람이 다시 보기 때문에, 조직에 안정감을 줄 수도 있다.

최인아 작가는 그의 책<내가 가진 것을 세상이 원하게 하라>에서 브랜딩은 실체가 바탕이 된 인식을 만드는 작업이라고 말했다.

실체보다 나은 인식은 오래가지 못한다. 평판에 힘쓰지 말라는 뜻이다. 실력이 뒷받침되어야 한다. 내가 만들어 낼 수 있는 가치에 집중해야 한다고 강조한다. 그래야 진짜라고.

이 말에 공감한다. 더 높은 직위가 주어졌다고 그만큼의 가치를 창출해 낸다고 생각하지 않는다. 자신의 본분에 맞는 가치를 창출해 낼 수 있는 실력을 키워야 한다. 공무원이 가져야 할 역량을 개발하고 지속 성장해야 한다. 경험만으로 이야기하는 사람이 아닌 객관적 사실과 근거를 기반으로 합리적 판단을 하는 사람이 되어야 한다. 업무 역량과 관계, 소통, 협업, 협력 등 관계 역량, 창의적 정책 개발, 문제해결 방안 마련 등 사고 역량을 갖춰야 한다. 하루하루 주어진 외적인 요인을 해결하는 데 만족하지 말고 내면을 단단히 만드는 데에 시간과 노력을 축적해야 한다.

생각이 떠오를 때 시작해야 한다

글을 쓸 때 불현듯 글감이 떠오를 때가 있다. 그때 바로 글을 써야 한다. 그 시기를 놓치면 잊어버리고 당시에 느꼈던 감정이 사라지고 만다. 영감을 받았을 때 바로 종이에 끄적거려야지 노트북을 켜고 프로그램을 열고 준비된 상태에서 쓰려고 하면 좋은 영감은 퇴색된다. 가만 생각해 보면 불현듯 떠오른 것이 아니다. 평소 관심 있는 분야에 생각을 골몰히 했기 때문에 떠오른 거다. 무의식 속에서 불현듯 떠오른 듯하지만, 사실 오랫동안 고민했던 사고가 내재화된 과거의 경험과 연결되어 끄집어낸 거다. 아인슈타인은 "나는 결코 이성적인 사고 과정 중에 커다란 발견을 이룬 적이 없다"라고 말했다.

사고의 과정은 오감을 통해 인지되고 경험과 연결되어 판단하고 행동하는 과정으로 이뤄진다. 의도하지 않은 감각을 인지하고 사고의 과정으로 가는 것보다는 의식적인 노력으로 사고하는 것이 필요하다. 생각은 그냥 떠오르는 것이 아니다. 무언가 의식적인 과정에서 떠오른다. 가만히 있는다고 새로운 생각이 떠오르는 것은 아니다.

필자는 산책하면서 '오디오 북'을 듣거나 강연을 듣는다. '오디오 북'이나 강연의 내용에 집중하기도 하지만 다른 생각을 할 때도 있다. 다른 생각은 '오디오 북'이나 강연의 어떤 내용의 뇌가 어떤 부분과 연결되어 지향하고 있는 목표 지점과 만나 영감으로 떠오른 거다. 무의식 상태를 만들어 창의적인 생각이 떠오르도록 하는 방법도 있지만 무의식 상태에서 창의적인 생각이 떠오르게 하려면 정보를 입력하고 골몰히 사고하는 과정이 선행돼야 한다. 다윈의 진화론도 "Malthus의 인구론을 읽다가 불현듯 떠올랐다"라고 했다. 다윈은 수년 동안 한 가지만 떠올렸다가 불현듯 떠오른 순간을 만난 거다.

창의적인 생각을 떠오르게 하려면 탐색의 과정이 필요하다. 탐색은 미지의 지역, 정보, 아이디어 등을 찾아내고 연구하는 과정을 말한다. 탐색의 과정은 목표 지점과 멀어지고 시간을 허비하는 것으로 여겨지지만 탐색은 오히려 좋은 결과물을 만들어 내는 과정이다. 탐색하는 동안 다양한 사고를 하고 한계를 부딪치며 해결점을 찾기 위해 방법을 모색한다. 탐색은 결과물의 밀도를 높인다.

일도 마찬가지다. 집중력 있게 몰입하는 시간도 필요하지만, 갑자기 떠오른 것을 바로 처리하는 것도 필요하다. 떠오른 일을 처리하지 않고 넘겨버리면 잊어버리거나 다시 생각해 내는 데 시간이 필요하다. 일을 뒤로 미는 순간 그 일을 완료하는데 더 많은 시간이 필요하게 되고 신뢰도 떨어질 수 있다.

작년 석사학위논문을 쓸 때 서론조차도 못 쓰고 있었다. 그때 교수님께서 일단 써야 한다고 말씀하셨다. 무작정 썼다. 남의 글을 가져와서 고치고 수정하고 보완했다. 편집하고 다듬는 과정에서 글이 조금씩 나아졌다. 무조건 써야 한다는 것을 깨달았다. 생각만 하면 안 된다. 떠오른 생각은 적어야 한다. 떠오른 생각은 시작해야 한다. 행동해야 하고 만들어야 한다.

흔히 경험이 적은 공직자에게 새로운 기획서를 작성하라고 하면 어려워하고 진도가 나가질 않는 것을 봤다. 머릿속으로 구상하고 바로 시작하질 못한다. 그러다가 전임자의 보고서를 가져와서 재작성을 한다. 남의 글을 가져와서 다시 작성하기까지도 오랜 시간이 걸린다. 그만큼 생각을 행동으로 옮기기는 어려운 일이다. 편하고 익숙한 것은 쉽게 하지만 새로운 것을 시작하는 데 어려움이 있다.

결국 핵심은 행동이다. 시작이다. 시작하면 무엇이든 만들 수 있다. 운동하러 나가기가 힘들지 일단 나가면 운동하게 된다. 책상 앞에 앉기가 어려운 것이지 일단 앉으면 시작할 수 있다. '내일부터 하겠어'가 아니라 '지금 시작할 거야'로 바꿔보자. 뇌의 모드 변화를 자유자재로 쉽게 변화시키는 사람이 유능한 사람이다. 행동으로 만들어 내는 힘이 필요하다. 몸이 움직이지 않을 때 '하나, 둘, 셋, 시작'을 외쳐보자.

일잘러 공무원의 힘 있는 발표 습관

며칠 전 2023년 상반기 적극행정 우수공무원을 선발했다. 각 부서에서 8명이 신청했다. 2명은 징계 등의 제한 사유로 제외하고 6명을 내부평가단과 외부평가단 그리고 직원 설문조사를 거쳐 3명이 2차 본심사에 올라갔다. 2차 본심 사는 발표를 하고 적극행정위원회 위원의 평가가 60% 반영되고 주민투표 40%가 반영되어 75점부터 85점 사이가 장려 85점부터 95점 사이가 우수, 그리고 95점 이상이 최우수를 받게 된다.

적극행정 우수공무원 선발은 공공의 이익을 위해 불합리한 법령 등 어려운 문제를 창의성과 전문성을 발휘하여 적극적으로 해결한 사례를 선발한다. 핵심은 문제해결의 창의성과 전문성 발휘를 보는 것이다. 통상 일하는 방식 이상의 노력이 필요하다. 성과도 중요하겠지만 그보다 문제해결 방법에서의 적극성을 보는 것이 중요하다.

발표자들은 본인이 한 업무에서 적극행정이 무엇인지를 중심으로 발표를 해야 한다. 어떤 어려움이 있었고, 어려움을 해결하기 위해 통상적인 노력 이상의 적극성을 발휘한 부분을 표현하는 것이 핵심이다. 힘 있는 보고란 어떤 보고일까? 평면적인 보고 보다는 생각의 덩어리를 스토리로 묶어내는 보고라 생각한다. 어느 부분을 강조하고 어느 부분이 특별한 지 잘 표현하는 것이 중요하다.

발표자들의 발표를 들어보니 본인 관점에서 발표를 했다. 내 관점에서 중요한 것을 발표하는 것이 아니라 청자의 관점에서 발표를 준비해야 했다. 왜 이 업무를 하게 되었는지, 무엇이 어려웠는지, 어떻게 어려움을 극복했는지, 창의적이고 색다른 방법으로 시민들에게 어떤 효과를 미쳤는지를 스토리로 이야기하는 것이 좋다. 심사 자료에 있는 내용을 처음부터 끝까지 읽어내는 것이 아니라 강조해야 할 부분을 힘주어 말해야 했다.

자신의 과제가 어떤 부분이 본질인지 생각해 보고, 표현해야 한다. 사업을 왜 했는지, 사업 내용이 무엇인지, 사업을 어떻게 했는지도 중요하지만, 그 사업을 추진한 이유, 가치, 의미가 무엇인지를 심사위원들에게 강조하는 게 좋다. 예를 들어 '내가 추진한 사업은 기업이 새로운 기술을 만들었는데 법에 근거가 없어 실증사업을 해야 했고 실증사업을 받아주는 지방자치단체가 없었지만, 우리 시에서는 기업의 애로사항을 공감하고 광역자치단체와 협업하여 예상되는 문제점을 어떤 방식으로 해결하였는데 본질은 시민들에게 편의 제공될 수 있고 사회적 가치가 있었기 때문이다. 하지 않아도 될 일이었지만 창의성과 전문성을 발휘하여 문제를 해결하고 사업을 추진하게 되었습니다' 라고 발표하면 좋은 성과를 받았을 것이다.

감동적인 발표를 하기 위해서는 평소 생각을 잘 정리하고 논리적으로 연결하며 공감과 감동을 일으키는 요소들을 잘 찾아보는 훈련을 해야 한다. 스토리 있는 칼럼이나 강연 등의 구조를 분해해서 파악해 보는 연습을 해 보면 도움이 된다. 기획하는 방법, 보고서 작성 방법, 발표력 향상 방법 등과 같은 서적이나 자료를 평소에 읽어 보고 정리하는 습관을 지녀야 한다. 쌓은 역량을 발휘하기 위해 발표 기회를 가져봐야 한다. 다른 사람 앞에서 발표를 해봐야 부족한 부분이 무엇인지 찾아낼 수 있고 보완할 수 있다.

말하는 습관, 목소리, 자세, 시선, 자신감 등을 평소 생각해 보고 내재화해 자연스럽게 나타나도록 하면 설득력을 더하는 발표를 할 수 있다. 앞서 말한 것들은 스킬 영역이다. 스킬이 다소 부족하더라도 듣는 이에게 감동과 공감을 주는 게 핵심이다. 발표도 관심이고 공부다. '나는 말을 못 해, 나는 여러 사람 앞에서 말하는 것이 힘들어' 라고 말하기 전에 자신이 그것을 극복하기 위한 노력을 얼마나 했는지 되짚어 보자. 공포를 떨치기 위한 노력은 무엇을 했는지, 잘하기 위한 시도는 해 봤는지 질문해 보자. 익숙한 것에 안주하기보다 낯선 것에 도전하는 열정이 힘 있는 보고를 할 수 있는 비결이다.

인지부조화

직장 강사 양성 심화 과정 교육을 수강했다. 우리 시 인재양성팀에서 사내 강사를 양성하기 위해 교육을 운영하고 있다. 1년에 한 번만 운영하기에 시간이 안 맞으면 수강하기 어렵다. 작년에 직장 강사 양성 기초과정을 수료했고 1년 만에 직장 강사 양성 심화 과정 교육을 받은 거다. 함께 교육받는 수강생들은 1개월 전에 기초과정을 수료한 분들이었다. 그래서인지 서로들 친밀해 보였다. 나만 1년 전에 기초과정을 들었던 수강생이어서 기초과정에서 준비한 PT를 갖고 있었다. 반면 나는 기초 과정에서 완성한 PT를 갖고 있지 않았다.

오전 시간은 이미지 메이킹 강의로 내게 어울리는 색을 찾아보는 시간이었다. 오후 시간은 강의 설계기법을 배우는 시간이었다. Opening, Body, Closing을 설계해 보고 발표하면 강사가 피드백을 주는 방식이다.

먼저, 오프닝을 발표해 보는 시간이다. 첫 번째로 발표했다. 아무 생각 없이 자신감 없게 '안녕하세요. 저는 생각 정리를 좋아하는 권석민이라고 합니다'라고 오프닝을 시작했더니 '안녕하세요'가 아니라 '안녕하십니까'로 해야 한다고 피드백을 받았다. '저는 평소 생각을 정리하는 것을 좋아합니다'라고 말했더니 '듣는 사람은 강사가 좋아하는 것을 왜 들어야 하지'라고 생각할 테니 ***주제로 강의할 누구누구라고 말해야 한다고 코치를 받았다. 한마디로 전문 강사답지 않다는 말이다. 그 외에도 강의 주제를 명확하게 말하지 않은 부분, 오프닝이 너무 길었다는 점, 사례가 너무 많다는 부분, 장면 전환이 일터에서 개인 일상으로 갑자기 바뀌었다는 부분 등 잘못된 부분을 낱낱이 지적 받았다.

물 만난 듯이 마구 지적하니, 아무리 내게 유용한 정보라 하더라도 기분이 좋지 않았다. 타인을 지적해서 존재감을 높이는 모습으로 느껴졌다. 나름대로 스피치 공부했고, 강의도 여러 차례 했었기에 자존심이 상했다. 기분 나쁨을 조금 멀리서 곰곰이 생각해 봤더니 강사의 피드백에서 기분 나쁨이 시작했지만 사실 잘하지 못한 실망감에서 비롯된 것이라는 걸 깨달았다.

내적 자존감이 낮은 사람은 나를 지적하는 말에 자신을 방어하지만, 자존감이 높은 사람은 성장하는 기회로 만든다. 필자는 실력이 없는 사람이었다. 어떠한 상황에서도 변함없이 전문가처럼 강의해야 했다. 필자는 상황을 탓하고 '잘할 수 있었는데 준비가 덜 되어서 그런 거야'라고 자신을 방어했고, 상황을 받아들이려 하지 않았다. 이런 현상을 '인지부조화'라고 한다. 현실을 왜곡하는 거다. 사실 분명하게 자기 자신을 소개하는 것이 명확하지 않았다.

무엇을 잘할 수 있고, 어떤 분야에 특화되어 있는가? 끊임없이 질문하고 답을 구체화해야 한다. 말하고 싶은 대로 말하는 것이 아니다. 청자가 듣고 싶어 하는 무엇일까? 그들에게 무엇을 말할 수 있는가? 강연 주제를 명확히 하고 강연 내용을 잘 정리해서 유익한 메시지를 전달해야 한다. 아직도 나만의 특별함을 명확하게 정리하지 못한 거다. 다른 사람과 다른 나만의 특별한 전문성을 찾아 말로 전달해야 한다. 군더더기 없고 세련된 방식으로 말해야 한다. 말하려고 하는 주제를 명확히 하고 근거와 사례를 짜임새 있게 구성하여 스토리로 연결해 전달해야 한다.

과연 나는 전문가라고 말할 수 있는가? 평소 대화할 때도 주장하고 주장에 대한 근거를 말하며 사례를 구체적으로 말함으로써 상대방이 잘 이해하도록 말하는 습관이 필요하다. 어느 순간에서도 잘 다듬어진 방식으로 자신을 표현할 수 있어야 했다. 평소 자신만의 강의할 수 있는 전문 영역을 만들고 사람들에게 알기 쉽게 유용한 내용을 전달할 수 있어야 한다. 끊임없이 자신에게 질문해야 한다. 과연 최선일까? 논리적으로 어색한 부분은 없는가? 청자가 공감하고 영감을 받을 내용인가? 자주 질문하고 정리하고 반복해서 연습해 놓아야 한다. 어색함 없이 매끄럽게 진행하는 연습도 꾸준히 해 보자.

배우고 성장할 기회로 삼아야 했다. 쓴 소리를 받아들일 준비가 되어 있지 않았다. 타인의 말에 흔들림 없는 단단한 내면의 힘을 소유하고 있어야 한다. 스스로 단단하면 흔들림이 없다. 쓴 소리도 받아들이고 부족한 점은 채우며, 어제의 나와 오늘의 내가 얼마나 성장했는지를 인지하며 자신을 발전시키는 자세가 필요하다. 흔들림 없는 내면의 힘을 키우고, 배울 점이 무엇인지 매 순간 찾아보며, 성장의 기회를 놓치지 않는 감각을 지닌 사람이 되자.

자신을 객관화고 부족한 부분을 질문해 보며 깨닫고 채워 나가는 삶을 평생 해야 한다. 내가 되고 싶은 모습을 1장의 그림으로 명확히 그리고 목표에 도달하기 위해 일정과 방법을 정리해서 자신을 성장시킬 때 격이 높은 사람이 되는 방법이다. 깨달음이 클수록 더 겸손해진다.

일터에서 성과를 내는 방법

일터에서 함께 일하는 이들은 내 마음을 동요하게 만든다. 그들은 자신의 특성대로 일할 뿐인데, 내 기준에 맞지 않는다고 혼자 성내는 거다. 화가 나는 이유는 그들을 바라보는 내 마음 때문이다. 그렇다 하더라도 일에 있어서 객관적인 잣대로 봤을 때 일이 진행되지 않으면 일이 되도록 만들어야 한다. 기일을 넘기거나, 방향을 못 잡거나, 일의 경중을 모를 때 알려주는 것이 팀장의 역할이라 생각한다.

적극행정 우수공무원 선발을 1년에 상하반기로 나눠 진행한다. 굳이 '신청하세요'라고 홍보하지 않아도 많이들 신청한다. 내가 팀장으로 오기 전에는 15명씩 적극행정 우수공무원을 선발했다. 내가 온 뒤로 7명, 5명, 3명으로 줄어들었다. 선발 과정도 까다로워졌다. 1차 예비 심사에는 내부 공무원 평가단을 구성해서 발표심사를 하고, 직원 설문조사를 더해 75점 이상을 2차 본심사에 올린다. 2차 본심사에서는 적극행정위원회 위원들이 평가단이 되어 발표심사를 하고, 시민들의 온라인 투표 점수가 반영되어 순위를 결정한다. 어려운 과정이다.

문제가 생겼다. 올해 상반기는 신청자가 3명밖에 들어오지 않았다. 왜 숫자가 적은 것일까? 선정 절차가 까다로워서일까? 내심 불안했다. 2주 전부터 공문이 시행돼도 못 볼 수 있으니 홍보 팸플릿도 만들고 내부 전자게시판에도 올리고 행정 메일을 보내 신청할 수 있도록 조치하라고 말했다. 담당자는 원래 마지막 날에 신청 공문이 들어온다고 말하며 신청 마감 하루 전에 게시판에 공지를 올리는 것에 그쳤다.

안우경 교수님의 저서 <씽킹 101>에 1장에 나왔던 유창성의 착각 중에 계획의 오류가 생각난다. 과업을 끝마치는 데 필요한 시간과 노력을 과소평가하여 마감 기한을 놓치는 경우가 발생하거나 예산을 초과하는 일이 발생하는데, 희망적인 생각 때문에 발생한다. 오페라 하우스 공사가 애초 700만 달러의 예산이 책정되었는데, 공사 규모를 축소하고도 총 1억 200만 달러 비용이 소요되었고, 기간도 애초 계획보다 10년이나 더 걸렸다. 해법이 있는데, 예상한 시간에 50% 당겨서 계획하는 것이다. 우리는 알 수 없는 변수를 계획에서 고려하지 않는다. 걸림돌이 얼마든지 생길 수 있는데 현재 기준으로 미래를 계획하기 때문에 오류가 발생한다.

소통을 잘하는 연습을 하는 가장 좋은 방법의 하나는 소통이 안되는 사람과 일하는 것이라는 신수정 작가의 말씀을 생각해 보며 마음을 다잡는다. 근데 말이다. 1년, 2년 똑같은 일이 반복되는 것은 어떻게 판단해야 할까? 필자는 일에서 계획을 치밀하게 세우는 사람이다. 일의 목표를 설정하고 일정을 명확히 하려 한다. 아이디어를 내고, 계획을 세우고, 문제를 해결하며, 목표를 향해 수렴의 과정을 거친다. 스스로 주도적이고 능동적으로 움직이려는 태도가 중요하다.

자기 일을 사랑하는 것은 나를 사랑하는 것이다. 자기 일에 호기심을 가져야 일에서 감동을 찾을 수 있다. 어떤 일을 할 때 설렘을 끌어낼 수 있는 것은 삶을 재미있고 역동적으로 살아내는 방법이라고 생각한다. 목표 지점을 하나의 이미지로 선명하게 그려내고, 무의식과 의식 속에 목표를 향해 의식하지 않아도 자동으로 움직이게 만들어 내면 좋겠다. 자신을 몰입의 상태로 들여놓는 것이다.

집요함은 성취감을 가져온다. 몰입 상태에 자신을 놓는 것은 지향하는 것을 수행하는 좋은 방법이다. 자신에 대해서도 예민해야 한다. 자신이 어떤 상태에서 몰입감이 좋고, 오랫동안 집중력을 발휘하기 위해선 무엇이 효과적인지 알아차리는 노력이 필요하다. 자신이 무엇을 원하는지 물어보자. 나는 지금 왜 여기에 있는지, 어디로 향해가고 있는지, 나는 무엇을 해야 하는지 질문해 보자.

함께 일하고 싶은 공무원

1. 미래지향적인 사람

함께 일하고 싶은 사람은 1년 후 우리 팀의 목표를 말할 수 있는 사람이었으면 한다. 당장 지금 할 일이 무엇인지 모르는 사람보다 나아가야 할 방향을 제안할 수 있는 사람과 일하고 싶다. 자신의 비전과 조직의 비전을 일치시키는 사람이 좋다. 우리 팀이 존재하는 이유를 확실히 정의할 수 있는 사람이면 좋겠다. 존재 이유를 알면 해야 할 역할을 정의할 수 있다. 역할이 정의되면 언제 무엇을 해야 할지 계획할 수 있다.

미래를 설계하지 않고 현재를 사는 것은 망망대해에서 나침반 없이 항해하는 배와 같다. 우리 팀이 나아가야 할 방향을 설정하고 달성하려는 방법을 고민할 수 있어야 한다. 고민하는 시간이 깊고 많을수록 아이디어는 명확해진다. 나은 방향으로 가기 위해 고민하고 제안하는 사람이 함께 일하고 싶은 사람이다.

미래지향적인 사람은 변화를 받아들이는 데 두려움이 없다. 불확실한 미래에 대비하기 위해 평소 자기 계발을 꾸준히 해서 자신을 적응하게 만드는 능력을 갖추고 있다. 눈앞에 놓은 이익보다는 먼 미래의 관점에서 문제를 바라본다. 미래지향적인 사람은 계획을 세우는 것을 중요시한다. 예상되는 문제점을 파악하고 대비한다.

미래지향적인 사람은 아이디어가 풍부하며 혁신적인 생각을 찾아 제안하는 사람이다. 미래 가능성을 보고 현실로 만들려는 탁월한 능력을 갖추고 있다. 자신이 제안한 것을 달성하려고 오랜 시간 노력한다. 함께 일하는 사람이 그런 사람이었으면 좋겠다.

2. 긍정적인 사람

일을 게임을 하듯이 하는 사람이 좋다. 게임을 하면 몰입하게 된다. 일에 재미를 느끼면 몰입하게 된다. 같은 시간을 쓰더라도 몰입의 정도에 따라 성과물은 달라진다. 스스로 고도화하며 희열을 느끼는 사람과 일하고 싶다. 가슴 뛰는 순간을 즐기는 사람이면 좋겠다. 스스로 긴장감을 유지하고 일을 추진하는 과정과 성과를 만드는 것에 행복감을 느낌은 사람과 함께 하고 싶다.

한 번도 해보지 않은 일을 대할 때 거부하기보단 '한번 해 보겠습니다'라고 말하는 사람이 좋다. 그런 사람은 도전을 즐기는 사람이다. 실패할지도 모르지만, 실패 속에서도 배움이 있음을 아는 사람이다. 마치 게임 속 주인공처럼 일에서 주인공이 되는 사람이면 좋겠다. 사실 삶은 마음먹기 나름이다. 자신의 존재감을 높이고, 쓰이는 사람이 되도록 만드는 것도 자신이다.

어려운 일을 만나거나, 하기 싫은 일을 만나더라도 회피하지 않고 긴 여정에서 배움의 기회라 생각하는 사람과 일하고 싶다. 어려운 일에서 한 번 도망가기 시작하면 계속 도망가게 된다. 한 번 도전하기 시작하면 도전에서 얻는 기쁨에 계속 **도전한다.** 순간순간에 **최선을 다하면 어떠한 일이든 해낼 수 있다는 믿음을 가진 사람과** 함께 일하고 싶다.

3. 실행하는 사람

생각만으로는 아무것도 달성할 수 없다. 시작하면 실행할 수 있다. 시작하는 것도 능력이다. 일단 시작하면 무엇이든 만들어 낼 수 있다. 시작하지 않는 사람은 미루는 사람이다. 일을 뒤로 미루면 일이 진척되질 않는다. 일을 뒤로 미루면 할 일을 잊어버린다. 일을 뒤로 미루면 하기 싫다. 시작하기는 더 어렵다. 이때 마음속으로 하나, 둘, 셋, 시작하면 시작할 수 있다.

새로운 일을 하려고 하면 한 번에 쉽게 이뤄지지 않는다. 마음은 있어도 쉽사리 시작하지 못한다. 그만큼 시작이 어렵다. 집에서 공부하려면 공부 상태로 바꿔야 하는데 이게 만만치 않다. 책상에 앉는 습관만 가져도 공부를 시작할 수 있다. 책을 손에 잡고 펼쳐서 읽기 시작하면 책 한 권을 읽어낼 수 있다.

일을 시작하면 가속도가 붙는다. 책을 많이 읽지 못한 사람이 책을 읽겠다고 결심하고 하루에 5장씩 읽는 습관을 갖게 되면 처음엔 하루에 5장 읽는 것이 힘들었지만 점점 읽은 페이지 수가 늘어난다. 작은 일부터 차근차근 시작하면 큰일도 해낼 수 있다. 일을 시작하지 못하는 이유는 해보지 않은 두려움 때문이다. 두려움을 극복하기 위해선 도전하고 시작해야 한다. 함께 일하고 싶은 사람은 시작하기를 두려워하지 않는 사람이다.

과거의 지식을 버려라

문제를 해결할 때 흔히 과거의 지식을 바탕으로 해결 방안을 찾으려 한다. 과거의 답이 오늘의 답이 되리라는 법은 없다. 과거에 작성한 문서대로 작성하려 하면 안 된다. 공무원 일터에서 문서 작성한 것을 보면 상황이 바뀌었는데 과거에 작성한 문서 그대로 작성하는 모습을 종종 목격한다. 기존의 해답이 틀렸다고 할 수는 없다. 과거의 경험과 지혜가 담겨 있을 거다. 하지만 새로운 문제는 새로운 시각에서 바라보고 접근하는 것이 필요하다. 어제와 오늘이 다르듯이 문서도 시간이 지나면 새로운 생각을 담아 새로운 관점에서 새로운 방법으로 작성해야 한다.

가령 '그거 내가 다 해봤어', '별거 아니야', '그냥 하던 대로 해', '내가 해봤는데 안 돼'라는 말을 한다. 조직을 좀먹게 만드는 말이다. 깊은 고민 없이 낮은 수준에서 기존의 문서를 반복 재생산해서는 안 된다. 해결할 수 없는 문제는 없다. 고민하고 골몰히 생각해 보면 새로운 생각이 떠오른다. 새로운 문제를 찾고, 새로운 방식으로 해결책을 만들어야 한다. 자신을 발전시키는 방법이다.

새로운 지식을 넣으려면 과거의 지식을 과감히 버려야 한다. 처음 보는 환경에서 기존의 지식을 활용하기보다는 기존의 지식은 잠시 내려놓고 새로운 것을 탐구하고 배우는 것이 필요하다. 빠른 변화 환경에서 새롭게 학습하는 능력은 중요하다. 과거에 배운 지식만으로 미래의 문제에 대응하고 해결하려는 자세는 오만이다. 기존의 지식에만 머물러 있으면 무엇을 바꿀 수 있는지 판단이 흐려진다. 냉철하게 바라보자. 새로운 환경에 대비하기 위해 새로운 것을 배우려는 학습 능력을 갖추고 있는가? 수준 높은 안목은 과거의 지식에만 머물러 있는 것이 아니라 과감히 버리고 새로운 지식을 얻으려는 노력에서 나타난다.

자신의 발전과 조직의 발전을 위해 평소에 학습 훈련이 필요하다. 사고의 틀을 넓히고 더 많은 것을 느끼기 위해서는 다양한 경험과 학습이 있어야 한다. 평소에 준비한 역량은 현상 이면에 숨겨져 있는 의도를 정확하게 유추해 내고 통찰하는 힘이 생긴다. 과거의 지식을 과감히 버리고 새로운 지식을 학습하는 습관이 자기 경쟁력을 높이고 조직의 혁신을 가져오는 힘이 될 것이다.

계속할 수 있는 힘

누가 시키지 않았는데 어떤 일을 꾸준히 하는 힘은 어디서 나올까? 여러 가지 요인이 있을 수 있겠지만 그 중의 하나가 바로 '몰입'이다. 다윈은 비글호 탐사만 5년 하고, 이후 연구에만 전념했다. 에디슨도 아인슈타인도 모두 한 가지 일에만 깊이 몰입했다. 한 가지 일에만 계속하는 일은 어디에서 오는 걸까?

<몰입>의 저자 황농문 교수는 몰입하다 보면 만족감과 행복감을 느끼게 되고, 반복된 몰입을 하게 된다고 말한다. 필자도 석사논문을 쓸 때 비슷한 경험을 했다. 석사논문을 쓰기에 집중했더니 고비를 넘기고 마지막에 해냈다는 만족감과 행복감을 느꼈다. 반복된 경험을 하기 위해 몰입하기 위한 행동을 계속하게 되었다. 마라톤을 뛰다 보면 힘든 고비가 있는데, 그 고비만 넘기면 힘이 생기고 계속 달릴 수 있다. 공원을 걷다 보면 한 바퀴를 걷기가 어렵지, 그 고비만 넘기면 세 바퀴, 네 바퀴 계속 도는 힘이 생긴다. 스트레스는 반복되면 견디는 강도가 약하게 느껴지고 인내력이 높아진다.

필자는 몰입을 능동적으로 만들 수 있다고 생각한다. 문제를 해결하기 위해 여러 방안을 고민하는데, 고민하게 되면 지속하게 되고 지속하는 과정에서 문제가 해결되면 만족감을 느끼게 된다. 외부에서 주어진 스트레스이지만 긍정적인 자세로 대하면 즐거운 스트레스로 바꿀 수 있다. 이때 필요한 것이 내적 동기이다. 목표를

설정하고 달성하기 위한 동기부여를 스스로 만드는 거다. 조금 더 나은 상태, 조금 더 높은 수준으로 가기 위한 마음으로 대하는 거다. 그건 자신을 괴롭히는 것이 아니라 스스로 노력하는 거다.

필자의 딸은 줄넘기를 못 했지만, 연습하다 보니 줄넘기 실력이 향상되었다. 춤을 못 추지만 춤을 잘 추려는 마음으로 연습하면 춤 실력이 늘어난다. 책을 잘 읽지 못하지만, 하루에 5페이지만 읽는 마음으로 20일 이상 매일 반복하면 책 읽는 실력이 향상된다. 억지로 시켜서 하면 괴롭지만 스스로 선택해서 하려고 하면 힘든 것도 즐거움으로 느끼며 최선을 다한다.

계속하는 방법은 '몰입' 상태로 자신을 놓는 것이다. 스트레스가 아닌 내적 동기에 따라 즐거운 스트레스로 어떤 문제나 일을 대하는 거다. 성공적인 삶을 위해 필요한 핵심 요인으로 인내력을 말한다. 하다가 힘든 일이 나타날 때 그 고비만 넘겨보자. 마라토너가 마라톤을 완주하듯 끝까지 달려갈 힘을 얻게 될 거다.

세상에 쓰이는 좋은 습관의 방법

'적토마는 홍당무가 없어도 잘 달린다'라는 말이 있다. <세이노의 가르침>이라는 책에 있는 구절이다. 아무리 하찮은 일을 하더라도 어떤 보상을 바라지 않고 자신에게 최선을 다한다는 뜻으로 이해했다. 자기 자신을 스스로 경영할 수 있는 사람을 말한다. 최인아 대표의 저서<내가 가진 것을 세상이 원하게 하라>에서 유사한 부분이 있어 가져왔다. 1990년대 초반에는 필름 슬라이드를 스크린에 비추고 슬라이드에 음악을 제때 맞춰줘야 했다. 이 일을 잘못되지 않도록 몇 번이고 연습했고 그런 자세를 눈여겨본 상사가 좋게 봤다고 한다. 자신을 소중히 여기는 사람은 자세부터 다르다. 일의 경중을 떠나서 성심껏 자신에게 충실했던 거다. 남에게 잘 보이려고 행동하는 사람보다 남이 있건 없건 일관성을 유지하는 사람이 믿음 간다.

공무원 조직에서도 마찬가지다. 아무리 하찮은 일이라도 남들이 생각하지 못한 부분까지 생각해서 일을 하는 공무원이 있다. 그런 공무원은 일 잘하는 사람으로 평가가 된다. 남들이 생각하지 못하는 부분까지 생각해서 대처하는 모습에서 더 중요한 일을 맡게 된다. 매일매일 작성하는 보고서도 어떤 사람은 추진 배경, 주장하는 내용, 근거, 사례, 기대효과 등 전체 구조를 짜임새 있게 만들고 어색한 문장이나 조사, 그리고 어미까지 세밀하게 검토해서 완벽에 가까운 보고서를 만들려고 하는 사람이 있다. 반면, 자신이 사용한 단어조차도 무슨 의미인지 연결이 안 되게 여기저기서 가져와 구색만 맞춘 보고서를 만드는 사람도 있다. 작은 디테일까지 놓치지 않으려는 자존의 기준이 높은 사람이 일에서 성과를 만든다.

홍당무가 없어도 적토마처럼 잘 달리려면 어떻게 해야 할까? 지금껏 내가 갖고 있는 믿음을 바꿔야 한다. 베스트셀러인 제임스 클리어(James Clear)의 저서 <아주 작은 습관의 힘>에서는 '좋은 습관은 어떤 사람이 되는 일이다' 라고 한다. 습관이 중요한 이유는 자신을 완전히 변화시킬 수 있기 때문이다. 매 순간 자신을 대할 때 '이게 최선인가?', '더 좋은 방법은 없을까?', '조금 더 생각해 볼 수는 없나' 라고 질문해 보고 행동을 바꿔 가는 습관을 지닐 필요가 있다. '아 이 정도면 됐지' 라고 생각하는 순간에 한 발 더 들어가 보는 자세가 필요하다. 기존에 내가 해왔던 기준을 뛰어넘으면 적토마가 될 수 있다.

누가 시키지 않아도 스스로 일을 만들어 가는 사람이 인정받는다. 기존의 기준에 맞추려 하지 말고 기준을 뛰어넘으려는 작은 시도를 자주 하는 사람이 되기를 바란다. 당연시해 왔던 것을 뛰어넘으려고 시도하는 것도 습관이다. 그런 시도가 반복될수록 그로 인해 얻게 되는 경험들이 뇌에 기억되기 때문이다. 일종의 중독과 같다. 의식적으로 도전의 환경에 자신을 던져 놓고 뛰어넘는 일을 반복하면서 자신을 변화시켜 나가는 거다. 습관은 자존감이라고 했다. 자신이 매일 반복하는 행동이 자신의 정체성이다. 오랫동안 아무 생각 없이 당연하게 해 왔던 것들을 의식적으로 좋은 습관으로 변화시킬 필요가 있다. 자신이 추구하는 가치, 원칙, 되고 싶은 사람을 기준으로 삼아 매일의 습관을 바꿔 보면 조금은 더 나은 사람이 될 것이다.

삶을 행복하게 사는 방법

성공하기 위해서는 끈기, 집념, 근성, 노력 등이 있어야 한다고 생각해 왔다. 성공한 사람들 이면에는 수많은 실패가 있었고 그것이 기반이 되어 중요한 것에 집중하고 결국엔 성공해 왔다는 것을 알 수 있다. 가만히 돌이켜 생각해 보면 공직에 들어오기까지 약 2년이 안 되는 기간 친구들도 안 만나고 오로지 공부만 했었다. 석사학위논문을 쓸 때도 논문심사를 통과할 때까지 3~4개월간은 주중 퇴근 후 시간, 주말은 모두 논문 쓰는 데만 집중했었다. 학생시절에도 하고 싶은 것, 놀고 싶은 것을 어느 정도 포기하고 공부를 해야 시험점수가 잘 나왔다. 유영만 교수님도 고시 공부하던 것을 끊어 버린 것을 잘한 일이라고 말했다. 자기가 좋아하지 않는 일에 매달리는 것만큼 안타까운 일도 없다.

무언가 성취하기 위해서는 달성하고자 하는 것 하나에 집중하는 것이 필요하다. 하루 일과 시간 중에 무수히 많은 것들에 의해 시간을 빼앗기고 정작 해야 할 것에 집중하지 못하는 경우를 알 수 있다. 하루 성과를 내기 위해선 목표로 하는 것을 명확히 하고 중요한 것의 우선순위를 정해 가장 중요한 것에 집중해야 한다. 유영만 교수님은 좋아하지 않는 일은 '끊고' 의미 있는 일에 '끈기'를 발휘하라고 했다. 성취하기 위해 도전하고 도전하다 한계에 부딪혀 보면 무엇을 버려야 하고 무엇에 집중해야 하는지 알게 된다. 집중해야 할 것을 알면 성취하게 된다.

티아고 포르테의 저서 <세컨드 브레인>에서도 수많은 정보를 모두 기억하려고 하지 말고 중요한 핵심을 뽑아서 메모 앱에 기록하라고 말한다. 버려야 할 것과 취해야 할 것을 구분하는 것이 중요하다. 김익환 교수님의 저서 <거인의 노트>에서도 기록은 많이 하는 것이 아니라고 말한다. 핵심을 찾아서 내 생각을 적는 것이 기록이다. 좋은 콘텐츠를 봤다고 모두 다 기록하면 기록하는 시간도 오래 걸리고 정작 무엇이 중요한지 몰라서 기록한 것을 쓸 수 없다.

우리는 보통 올라가는 것만 생각하지 내려가는 것은 생각하지 않는다. 잘될 때만 생각하다가 막상 잘 안되면 어찌할 바를 모르고 그대로 주저앉는다. 견뎌내지 못한다. 실패는 성공으로 가는 거름이다. 성공은 여러 실패 끝에 오는 거다. 실패는 주저 앉는 게 아니라 다시 하는 거다. 내려갈 때는 달려왔던 것에서 잠시 멈추고 자기 성찰을 해야 한다. 잠시 멈추고 내적 성장에 집중해야 한다. 대나무 마디처럼 잠깐 멈춤을 통해 더 단단한 힘을 발휘할 수 있다.

경험이 많고 지식과 지성이 쌓여 있으면 어떠한 어려움 속에서도 그 문제를 풀어낼 힘을 갖게 된다. 직장에서도 연차가 쌓일수록 많은 경험을 했기 때문에 새로운 문제에 대처하는 능력이 연차가 얼마 안 된 직원에 비해 낫다. 여러 가지 대안을 생각해 낼 수 있고,

과거의 경험을 바탕으로 새로운 대안을 만들어 낼 수 있다. 밑바닥에서 다시 일어설 수 있으려면 평소 독서를 통해 지식과 지성을 쌓아야 한다. 자신이 집중해야 할 것이 무엇인지 찾아내고 불필요한 것을 제거하여 가장 중요한 일에 집중하는 힘을 키워야 한다.

넘어지지 않으려는 노력보다는, 많이 넘어지며 경험을 쌓는 것이 중요하다. 빈번하게 실패하는 사람은 실질적으로 더 오래가고, 다시 일어날 수 있는 강한 기반을 만든다. 실패의 경험이 있는 사람은, 자신을 회복시키고 개선하기 위해 더 넓은 시각과 통찰력을 개발하며, 깊은 생각을 통해 상황을 이해하려고 노력한다. 반면에 성공만을 경험한 사람들은 자신이 알고 있는 삶이 전부라고 오해하며, 자신이 미처 보지 못한 세상의 존재를 인식하지 못한다. 일관되게 성공하는 것이 좋지만, 한 번 크게 실패하면 다시 회복하기 어려울 수도 있다.

삶을 행복하기 살기 위해서는 자신에게 중요한 것이 무엇인지 생각해 보고 그것에 집중할 필요가 있다. 무엇이 내가 진정 원하는 것인지 알고 끈기 있게 달려가야 한다. 유영만 교수님은 끊어야 할 것의 기준으로 '핵심 가치'를 주장했다. 핵심가치는 삶의 기준이다. 길을 잃었을 때 찾아가는 나침반과 같다. 삶의 핵심가치를 기준으로 삼아 끊어야 할 것은 과감히 끊고, 이어가야 할 것은 온전히 집중하는 것이 삶을 행복하게 사는 방법이다.

전문가. 2023. 7. 24.(월)

을 위해 정서 지능을 높이는 방법
교 교육학과 교수, '저 감정적인 사람입니다' 저자 🎧
거지 45분. 진행: 구범준 세바시 대표 PD.

〈생각〉
나는 과연 정서 지능이 높은 사람인가?
다른 사람의 말과 행동을 이해하는 것이 먼저
다른 사람이 불편해 하지 않도록, 적절한 감정 표현이 중요하다.
다양한 감정을 이해하고, 공감적인 반응으로 조절하고 표현하는 것을 배워야 한다.

https://youtu.be/4XX_bBlefsI

스라는 것의 중요성

놀이기 위해서는 경청하는 능력이 중요하다.

관 관계를
관 연결됨.
높아지면 성공과 성장의 가능성이 커진다.

개입의 이해
를 지배하며 다루기 어렵게 하는 사실은
세상을 이해해야 한다.
의식에는 편견도 극복해야 한다.

구분
적 상태를 의미하고,
상에 대해 길고깊은 · 일반적인 느낌 상태를 말하며
적 경험과 무관하다
상황 자극에 의해 유발되는 심리·사리·
성응을 수반하는 심리상태

게 다루기
비기기 위해 다루는 방법을 학습해야 한다.
과 함께 일하는 존재. 교리, 관계유지, 일을
게 일상
. 긍정적 감정 모두 문제가 될 수 있다.
기본 마음, 슬픈 마음 상태, 있을 때에만 좋은
을 수 있도록 정서를 잘 조절하는 것이

는 방법은?
를 취급할 수 있니. 나를 알수 있는 것은 중요하다
기분은 사회적 지위와 관련있다
한 경험과 마찬가지로 정서와 연결되어 있다
게 능력은 정서 조절 능력과 매우 밀접하다
는은 성격이 분리될 수 없다.
과, 가치 판단의 관련
을 이해하고 존중하기

향상시키기 위해서는 자신의 김정을 이해하고
책적으로 대화하고 학습하는 것이 필요하다.

정서 지능의 중요성

정서 지능 향상은 성공과 성장을
위해 중요하다.

내 정서 지능은 어떻게 알 수 나.?
➡ 대화를 잘 마려면 상대방의 반응도 생각

정서지능을 향상시키는 법?
① 타인을 우선 생각하는 마음이 무엇보다 중요한 정서지능
② 먼저 이해하다 그걸 기반으로 좋은 평가 개선점을 평가
③ 타인의 마음을 성하게 하는 것 정서지능이 높은 것

인간은 자기 자신에 있어서도
감정변화을 갖고 있다
① 우리 부정적 정서에 좀 더 관심을 둔다
② 나를 힘들게 하는 것에 인지된 반응을 높여 야 한다
③ 긍정적 경험에 당차게 하는 생각을 느려야 한다
긍정적인 경험은 일시적이고 오래하이 경험,
실어 지워, 관계지속과 연결해 가는 것이 좋다
빤한 이야기 실불해야가? 담긴게 가, 누구나 아는 게
중요한 20이다 삶의 의미를 풍부하게 만들어라

부정적 감정과 긍정적 감정 사이 '행복'이라는 것의 의미?
➡ 정서는 세상을 바꾸는 핵심 열쇠

사람들과의 경험에서
나에게 주는 의미를 찾아야

부정적 감정도 지켜보는 것이 아니라 어떤 선택을 하느냐의 문제이다
부정적 경험에 너무 민감해 하지 말며.
변[편]이 나에게 있다는 것을 인정하고 받아들이고
다양한 감정, 안녕 보내하느냐가 나에게 주는 긍정적 메시지를
잊지 말기?
긍정적인 감정은 배가 사격나자 오보잡은 것이 조의 방법을 찾아 실천하기

정서를 조절하는 기술이 있나요?
① 무엇보다 중요한 인식(수용)하는 것
불편한 것을 이해하[며]고 마[은]대
예를 놀이, 실패같이변.
다른 사람[들]께 부정[적]인 느낌[을] 표현하하다
미감[한] 느껴지 못하는 것이 본질이.
자기 자신[의] 역[할]을 보[호]하[여] 주[는]게 질문[된] 판[단]이 문제
② 인정하고 수용하는 적합한 방식[으]로 표현
역제해지기 싫고 그게.. 그게 자기가 경험했던 것을 전달하는 행동은 물[리]다다
마[제] 가 매[끄]럽다는 것이 아니다.
표현은 중요하[대] 정서규범: 정서를 표출하는 것도 사회적 지식
그것을 벗어나면 부정적 평가를 받게 된
일반적 기대의 방식을 잡아 건강하게 자기 표현하는 것 중요하다
화가 났다면, 이런 부[분]에서 화가 났다[며], 말을 알리기 위해서 하는 것이나까?
이럼 부분에서 잘 해[보]시라고 하는 것
③ 부정적 표현하 하는 방법?
자기 못나[함]에 부정적 감정을 표출하는 것은 어렵지만, 해야 한다
조식 내[에]서 지위가 낮다라도 섹[절]한 방식[으]로 표현하는 것은 중요하다.
④ 가[감]의 조직문화 변화 노[폭]은 감정[과] 정서[에]도 연[결]된다.

공동체가 갖[는] 정서는 무엇인가?
집단정서 Group Emotion
주범의 환경 자극과 외부 영[향][으]로는 각종 변[동][을] 수[반]하는 심리 상태
사[회] 진[체]가 공유[하]는 공통으로 갖고 있는 정서
[IMF 금[모]으기] → 국가는 공[유], 국가 분[열][이][나]가 물[린], 국[민] 정서

편견, 차별, 혐오
외[집]단에 대[한] 부정적[인] 방식[으]로 [집]단정서가 발현될 수 있다.
편견, 왜[곡]된 결과 공[동]체[를] 감[소][하]는 문[화], 우리[는] 하나[다]라는 정서, 공[유]하[는]
타[민]족, 이주민[에] 편[견][을] 강[화][하]는 부[정]적 역[할][을] 할 수 있[다].
차별[의] 정[도]가 서[로][다]가 모[호][성] 측[면][에]서 다른 [집]단[의] 수[용][이] 낮[은] 편[이][다].

부정적인 집단 정서는 어떻게 하면
바꿀 수 있을까?
다른 문화를 접촉하고 수[용]하는 기회 제[공]
타문화[,] 타[자][에] 대[한] 이[해][도][가] 낮기 때[문]에, 모[르]면
두려[워]한다. 다[름][에] 대[해] 알[아]서 시[작][해]야.
위[래][한] 정[보][로] 편[견]이 강[화][되]는 경[우][가] 있[다].

이[솔]림 대[척], 신[문]에 언[급][되]는 사[건]이 긍정적인 것은 없[어]서 정[서]
이[솔]림[이] 갖고 있는 긍정적 가[치], 고[유][한] 인[성], [집]단 정[서]
제[한]된 지[식][패][턴][에] 제[대][로] 알 수 없[다][게] 된[다].

행복한 삶을 얻기 위해서는
우리 정서, 감정을 어떻게 해[야] 할까?

자신의 감[정] 정서를 이[해][하][려][는] 것은
궁[극]적으로 행복과 미음 속[에] 갖고 싶[어][서]
이[해][하][려][고] 하는 것이다

행복은 과정이지 결과가 아니다[?]
결과에 따라 내가 행복적인 판[단][하][게] 되[지][만] 하[지]만
과[정][에][서] 어[떠][한] 경[험][을] 갖[느][냐][가] 중[요][하][다].
어[떻][게] 과[정][을] 이[겨][내][는] 삶[의] 의[미], 음[부][상][과]
함[께][가] 무[엇][인][가][에] 대[한] 메[시][지]다
★ 행[복][은] 과[정][을] 경[험][하][는] 사[람][에][게] 추[가][되][는] 것[이][다]
행[복][은] 근[육][이][다]

153

공무원의 현재에 집중하는 습관

아침에 출근할 때 통근버스를 이용한다. 오전 7시 27분에 버스에 타면 사무실에 8시 25분 정도면 도착한다. 대략 1시간 정도 걸린다. 이 시간에 주로 유튜브 강연 또는 세바시 강연을 듣거나, 영어 듣기, 윌라, 밀리의 서재, 예스24 크레마로 책을 음성으로 듣는다. 눈은 감고 소리로만 듣는다. 집중할 수 있는 시간은 주로 20~30분 정도인 것 같다. 그거라도 해야 마음이 편하다.

마음이 조급했는지 집중할 수가 없었다. 이것을 들었다가 아니야 이게 더 중요한 것 같아 하면서 다른 것을 듣다가 결국엔 아무것도 제대로 듣지 못했다. '아! 내가 지금 뭐 하는 건가,' '중요한 것 하나에 집중하면 될 것을 뭐가 중요한 것인지 모르는구나' 라고 생각했다. 마음이 조급한 날에는 현재에 집중하지 못한다. 이것도 해야 하고 저것도 해야 하고 앞으로 해야 할 일들은 많은데, 무엇부터 해야 할지를 고민한다. 문득 생각이 스쳐 간다. 아 나는 온전히 현재에 집중하지 못하고 있구나. 지금, 이 순간에 집중하지 못하고 미래의 일들에 생각을 빼앗기고 있구나.

일을 제외하고 개인적으로 이루고 싶은 것은 책 목차 설정과 영어 점수를 만드는 일이다. 그 일을 하지 못하고 있다. 다른 것을 하려는 걱정에 가장 중요하다고 생각하는 일에 시간을 집중하지 못하고 있다. 안 해도 될 일인데 해서 시간을 허비하기도 한다. 무언가 성과를 내려면 가장 중요한 것 하나에 집중하는 자세가 필요하다. 그래야 뭐라도 달성할 수 있다.

내게 가장 중요한 일이 무엇인지 글로 써 보자. 내가 목표로 한 것을 달성한 날을 상상해 보자. 영화 속의 한 장면처럼 마치 목표로 한 날의 모습을 상상하고 뇌에 각인한다. 주문을 외우듯 자신을 독려하며 용기를 불어넣는다. 머리로 생각했다면 몸이 움직일 차례다. 어려운 일을 할 수 있는 가장 쉬운 방법은 조금씩 매일 하는 거다. 큰 것을 쪼개서 하나씩 이뤄 나가면 아무리 어려운 일이라도 해낼 수 있다. 지금 당장 해야 할 일을 실행하자. 미래의 일을 걱정만 하기보다는 현재에 집중하는 것이 낫다. 하나씩 해 나갈 때 자신감도 생기고 더 나갈 수 있는 동력도 생긴다.

일터에서도 마찬가지다. 이 일 저 일 우선순위 없이 일을 하다가는 아무것도 하지 못하게 된다. 오전 09시부터 10시까지 일을 마무리 짓겠다고 목표를 정하고 윈도우 시계 앱을 실행해서 집중 시간을 보내면 효과적이다. 눈으로 시간이 지나가는 것을 볼 수 있으므로 시간 안에 마무리 지으려 노력한다. 오전 시간이 지나면 오전 시간에 무슨 일을 얼마나 어떻게 했는지 기록해 보는 것도 효과적이다. 이 방법은 나머지 오후 시간도 버리는 시간 없이 효율적으로 사용하도록 만든다.

현재 순간에 집중하는 것은 마치 바닷속을 헤엄치는 것과 같다. 가끔 물결에 휩쓸리기도 하지만, 계속해서 헤엄치며 목표를 향해 나아간다. 때때로 걱정과 불안에 휩쓸려서 현재를 잊기도 하지만, 그럴 때마다 다시 현재 순간으로 마음을 돌리는 것이 중요하다. 지금, 이 순간을 가치 있게 만드는 방법이다.

삶의 성공과 행복을 찾는 방법

세상을 바라보는 방식은 다양하다. 자신이 어디까지 보려고 하는지 마음먹기에 따라 보이는 범위와 깊이가 달라진다. 한계를 정하면 딱 그만큼만 보게 된다. 삶은 무언가를 대하는 태도, 그 안의 욕망, 추구하는 의미와 가치 등 다양한 요소로 구성된다.

다채로운 삶 속에서 자신이 보고 싶은 부분만 보려고 하는지, 전체를 보려고 하는지, 아니면 숨겨진 이면에서 깊이 있는 가치를 보려고 하는지에 따라 세상은 달리 보인다.

세상을 바라보는 다양한 방식에서 우리는 어떤 선택을 해야 할까? 다양한 시선을 느껴보고, 다양한 시선을 존중하며, 자신만의 생각을 스스로 만들어 낼 수 있어야 한다. 다양한 생각을 이해하지 못하고, 세상을 단편적으로만 보려 한다면, 자신만의 가치를 만들어 낼 수 없다. 다양한 사고방식에서 다양한 의견이 있고 그 의견이 나오게 된 배경을 이해해야 한다.

인간은 유기체다. 계량기의 숫자처럼 우리의 생각을 측정하거나 간단하게 설명할 수 없다. 우리는 각자가 살아온 경험과 지식에서 각자의 방식으로 정보를 인식하고 해석해서 판단한다. 인간의 뇌는 수억 개의 신경 세포로 이루어져 있고, 뉴런이라는 신경세포가 서로 연결되어 정보를 주고받는데, 뉴런과 뉴런 사이에 정보가 옮겨가면서 이해하고 반응하기 때문에 매 순간 변하고 있다. 사고는 모호할 수밖에 없다. 기계처럼 딱 떨어지는 생각을 하기가 어렵다.

행복의 기준, 좋은 책의 기준은 각자의 방식에 따라 다른 것처럼 우리의 삶에서 답을 찾을 때 중요한 것은 외부의 기준이나 표준, 정답이 아니라 내 안에서 나온 자신만의 생각이 무엇인지에 집중할 필요가 있다. 그래야 자신이 주도하는 삶을 만들어 갈 수 있다.

자신이 좋아하는 게 무엇인지, 어떤 삶을 살고 싶은 지, 원하는 삶은 무엇인 지를 살아가면서 자꾸 잊어버린다. 자신이 잘하는 거, 좋아하는 거, 싫어하는 게 무엇인지 질문하고 답을 찾아가는 과정을 반복해야 한다. 자신을 잘 이해하고, 제대로 알 때 남들과 다른 차별성을 갖게 되고 삶의 성공과 행복을 찾을 수 있다.

삶은 끊임없는 성찰과 도전의
연속이다

"기획하는 대로 문제에 대처하지 않으면, 닥치는 문제만 해결하다가 기회를 놓치게 된다." - 박소연, <일 잘하는 사람은 단순하게 합니다> 이 문장 안에는 조직과 개인의 모든 문제해결의 원칙이 담겨있다. 준비하지 않고 주어진 현안에만 대처하다 가는 어디로 가는지도 모르고 끌려가게 된다. 공무원 조직 안에서는 그것만 충실해도 괜찮을 수 있다. 하지만 그런 삶은 재미가 없다. 일터에서 내 일을 조망하고 현재의 위치와 앞으로의 방향을 예측하고 일의 우선순위를 정해 미리 준비할 수 있어야 한다. 그래야 일과 시간을 통제할수 있고 성취와 성장을 경험할 수 있다. 미리 준비해야 할 일을 수시로 점검하고 미리 대처해야 한다고 주문해도 다른 일에 치여 정작 챙겨야 할 일은 뒤로 밀리게 되는 경우를 보면 답답하다.

바쁘다는 느낌에 자신이 잘살고 있다고 스스로 위안하는 착각에 빠지는 것을 경계해야 한다. 시간이 지난 후에 뒤돌아서 후회하게된다. 현재를 잘 사는 것은 시간을 밀도 있게 사는 거다. 시간을 효율적으로 가치 있게 사는 것에 매 순간 고민해야 한다.

요즈음 평소 루틴으로 해오는 것들과 새롭게 해야 하는 것 사이에서 우선순위가 충돌한다. 매일 한 편의 글을 쓰는 것에 집중하면독서나 강의 듣는 시간, 그리고 기록하는 시간이 줄어들고 해야 한다고 여겨왔던 것들이 하지 못하고 뒤로 미루는 것을 보고 불안감에 휩싸인다. 조급한 마음에 이것저것 하게 되니 깊이가 낮아지는 것을 알게 되었다. 하나라도 깊게 이해하고 충분히 생각해야 새로운 나만의 지식을 만들 수 있다는 것을 느끼기도 한다.

토요일엔 스피치 원고를 마무리하느라 새벽 5시에 잠을 청했다. 일어나 밥을 먹고 설거지를 하는 동안에 귀에 이어폰을 꽂고 경희대학교 이경전 교수님의 챗GPT 강의와 김지현 SK경제경영연구소 부사장님의 시간 관리 강의를 청취했다. 집 안 청소 후 잠깐 산책하러 나왔다가 벤치에 앉아 생각을 정리한다.

못하고 있는 것들의 반성과 앞으로의 계획에 대해 물과 바람, 그리고 햇볕을 맞으며, 삶은 끊임없는 성찰과 도전의 연속임을 생각해 본다.

공무원 조직에서 '최고의 팀'을
만드는 전략

리더의 핵심 역할 중의 하나는 팀의 성장과 성과를 도모하는 적극적인 코칭이다. 리더는 팀원들의 능력과 잠재력을 극대화하는 전략과 방법을 고민하고 적용해야 한다. 팀의 활성화를 위한 리더의 전략을 소개하고자 한다.

첫째, 명확한 목표와 비전 설정이다. 팀원들이 지향하는 목표와 미래의 비전을 설정하면 팀원들의 협력을 끌어내 성과를 도모할 수 있다. 리더는 팀원들에게 명확한 목표와 비전을 설명해야 한다. 예를 들어, 팀 프로젝트가 진행 중인 경우에 리더는 "규제혁신 추진단의 핵심은 시민이 체감할 수 있는 규제를 발굴하고 개선하는 것이고, 시장님 공약사항이니 우리 팀 업무에서 최우선으로 생각하도록 하자"와 같은 목표 설정을 한다.

둘째, 팀원 각자의 전문성을 발휘하도록 일하는 분위기를 조성해야 한다. 팀원을 신뢰하고 그들의 의견과 제안을 존중하면서 직무의 권한을 주는 것이 팀 성과를 높이는 지름길이다. 리더는 팀원의 전문성을 인정해 주고 그들의 의견에 귀를 기울여야 한다. 예를 들어 팀원이 규제과제를 발굴하고 의견을 제시할 때 생각을 존중하고 다음 행동을 할 수 있도록 결정권을 주도록 한다.

셋째, 팀원 상호 간의 신뢰를 구축해야 한다. 성공적인 팀 활성화 전략은 팀원 상호 간 신뢰를 바탕으로 이뤄지는 협업이 필수적이다.

리더는 팀원들과의 소통을 적극적으로 진행하며, 정기적인 팀 회의나 워크숍을 통해 팀원들이 서로의 능력과 업무를 이해하고 인정할 기회를 만든다. 예를 들어, 업무 추진 성공 사례와 실패를 통해 얻은 교훈 등을 공유하는 정기 모임을 만들고 팀원들 사이의 신뢰와 공감이 형성될 수 있도록 만들어야 한다.

넷째, 리더는 팀원 개개인의 성장에도 관심과 지원을 해야 한다. 팀원과의 일대일 멘토링과 코칭을 하며, 업무 성격에 맞는 교육 자료 등을 제공하고, 팀원이 스스로 목표를 설정하고 성장할 수 있는 환경을 조성해야 한다. 예를 들어, 팀의 업무 역량을 강화하고 일하는 방식과 효율적 업무 추진 스킬에 대한 자료를 제공하고 온라인 강의나 성장에 필요한 교육을 소개해 주고 기회를 제공해 주어야 한다.

다섯째, 도전과 실패를 인정하는 조직 문화를 조성해야 한다. 팀원들이 새로운 시도와 도전을 할 수 있도록 하고, 실패하더라도 격려하며 깨달음을 얻을 수 있는 문화를 조성해야 한다. 예를 들어, 실패한 프로젝트 사례를 통해 얻은 교훈과 지식, 그리고 필요한 실행력의 중요성 등에 대해 발표하도록 하여, 실패를 극복하고 발전할 기회를 제공해야 한다.

여섯째, 리더는 신속하고 합리적인 의사결정을 하고 팀원들의 자율성을 주어 팀 성과의 향상을 가져와야 한다. 균형 잡힌 의사결정 권한을 팀원들에게 부여하여 팀이 더 나은 협업과 자율적 업무 진행이 되도록 돕는다. 예를 들어, 찾아가는 규제신고센터 활성화를 위한 프로젝트를 추진할 때 팀원의 의견을 수렴하고 의사결정 과정을 원활하게 도와주며, 스스로 구체적인 스텝과 절차를 정하는 의사결정을 위임해야 한다.

리더는 팀이 성공하고 성장하는 것에 의사결정의 초점을 맞추어야 한다. 팀의 목표를 달성하기 위해 다양한 전략을 발굴하고 적절한 타이밍에 맞춰 실행하도록 코칭해야 한다. 리더는 명확한 목표 설정과 비전을 제시하고, 팀원들의 전문성을 발휘하도록 만들며, 팀원 상호 간의 신뢰를 구축, 조직 구성원의 성장을 지원한다. 도전과 실패를 인정하고 실패를 통해 얻은 교훈을 공유하는 문화를 조성하며, 신속하고 합리적인 의사결정과 스텝과 진행을 위한 자율성 부여 등의 방법으로 팀원들의 협업을 강화하고 성장 가능한 조직 구조를 만들어 궁극의 성과를 달성하도록 만드는 것이 리더 역할의 핵심이다.

조직성과 높이는데 인센티브 보다
더 효과적인 전략

공무원 조직에서도 정책 제안, 규제개선 과제 발굴, 적극행정 우수공무원 선발, 성과 시상금 등 조직 내 행정의 목적을 달성하기 위해 포상제도를 두고 있다. 금전적인 보상과 인사가점, 특별휴가 등 물질적 보상을 통해 참여를 유도하고 더 나은 조직 문화를 만들기 위해 인센티브 제도를 운영하고 있다.

인센티브 제도의 취지는 많은 공직자가 참여하고 보다 창의적이고 적극적인 조직문화를 만들어 시민들에게 수준 높은 행정서비스를 제공하고자 함에 있다. 제도 취지와는 다르게 운영되는 경우도 발생한다. 만약 인센티브 제도가 제대로 작동한다면 합리적이겠지만, 그렇지 않다면 재검토가 필요하며 적정 수준의 인센티브 제공을 매년 조정 검토하는 것이 좋은 해결책이 될 수 있다.

사실 일하는 동안 평가 지표를 달성하기 위해 목표 설정하고 추진하는 것이 동기부여가 되기도 한다. 하지만 앞서 말한 데로 평가 지표만 달성하는 수준에 머무르는 한계가 있기도 한다. 예를 들면 규제개선 과제를 발굴하고 개선하는 데 있어, 평가지표에 많은 점수를 부여받지 못하는 것들은 아무래도 에너지를 덜 소모하려는 경향이 있다.

신수정 작가의 <거인의 리더십>에서는 "사람은 물질적 이득만으로 움직이지 않는다"라는 장에서 사람의 행동이 물질적 이익뿐만 아니라 정신적인 영역에 의해서도 크게 영향을 받는다는 주장한다. 조직 구성원이 자발적으로 즐겁게 일할 수 있는 비결로 6가지 요인을 제안하고 있다.

· 목적과 의미: 조직의 목표와 개인의 역할이 명확하게 정의되어 있을 때, 구성원은 그 일의 목적과 의미를 이해하고 동기를 얻을 수 있다.

· 자율: 자유롭게 업무를 수행하며, 의사결정의 자유를 통해 창의성과 책임감을 향상하는 것이 중요하다.

· 성장과 숙련: 구성원이 성장할 기회와 자기 계발을 지원함으로써 동기를 부여하고 업무능력을 향상할 수 있다.

· 관계: 팀 내의 신뢰와 협력을 기반으로 한 좋은 관계가 조직 구성원의 만족도와 성과를 높이는 데 큰 역할을 한다.

· 인정: 구성원의 노력과 성과를 인식하고 인정해 주는 것이 자아실현과 존재감을 높이는 데 도움이 된다.

· 공헌: 개인의 업무 참여가 조직과 사회에 어떻게 이바지하는지 인식하고, 그 의미를 이해하여 높은 만족감을 가질 수 있다.

정신적인 부분을 고려하면서 리더십을 펼치려면 인내심이 필요하다. 프로젝트를 추진하는 동안 리더는 왜 그 일을 수행해야 하는지, 어떤 의미를 찾아야 하는지, 어떤 공헌을 할 수 있는지를 설명하고, 팀원들이 공감할 수 있도록 여러 가지 방법을 시도해야 한다. 예를 들어, 필자는 디지털 마인드맵을 이용하여 팀원들과 함께 목표와 일정을 함께 작성하고 수정하고 보완하며 일하고 있다. 목표 설정 및 일정 관리와 역할 배분이 이 디지털 도구인 마인드맵에 동시에 접속 가능하다. 다른 팀원이 자신의 업무 외에 다른 동료의 업무 진행 사항을 알 수 있으며, 팀의 목표를 향해 움직인다. 수시로 회의를 꾸준히 진행하여 팀원들과 업무 목표와 의미를 공유하고 상기하는 시간을 갖는다.

자율성은 방임이 아니다. 팀원이 스스로 판단하고 역량이 발휘되는 환경을 만든다. 리더는 때에 따라 코칭하면서도 자율성을 부여하고, 각 팀원의 개성을 고려해야 한다. 사람마다 능동적인 성향을 보이는 반면, 지시에 의존하는 수동적인 성향을 보인 사람도 있다. 개개인의 성향을 정확하게 이해하고, 상황에 맞는 유연한 대처가 필요하다.

'성장과 숙련'은 필요하다. 하지만 자발적으로 일과 자신의 성장을 위해 노력하는 사람은 많지 않을 수도 있다. 대다수의 사람은 현실의 편안함을 찾고 싶어 한다. 억지로 리더의 생각을 강요하기보다는 구성원이 성장을 시도할 때 기회를 부여하고, 교육과 학습을 지원하며, 적절한 피드백을 제공해야 한다.

대부분의 조직 구성원은 업무에 대한 부담보다 동료 간의 인간관계에 괴로워하는 경향이 있다. "일은 어떻게 라도 해결이 되지만, 사람 문제는 어쩔 수 없다"라는 말이 그것을 잘 보여준다. 리더는 의심하지 않고 신뢰하며 협력하고 이해하는 관계를 조성하기 위해 노력해야 한다.

모든 사람은 인정받고 싶어 한다. 인정을 통해 자기 신뢰와 가치를 확인하게 된다. 리더는 조직 구성원의 작은 업무 성과에도 세심한 관심을 가지고 감사와 칭찬을 아낌없이 해주는 것이 중요하다.

사람들은 자신이 가치 있는 공동체에 이바지함을 인지하는 것이 중요하다. 가장 높은 수준의 욕구로 여겨진다. 리더는 조직 구성원의 업무가 조직과 사회에 어떤 기여를 하고 있으며 그 과정에서 얼마나 의미 있는 일을 하고 있는지를 알 수 있게 돕는 역할을 해야 한다.

리더의 역할은 조직 구성원의 성장, 협력, 동기부여 등을 지속해 추구하면서, 자율성과 격려를 바탕으로 최상의 행정 서비스를 제공하기 위한 진정한 창의력과 전문성을 끌어내는 거다. 세심한 관심과 지원, 그리고 상황에 따른 유연한 대처가 필수적이며, 여러 가지 요인들을 조화롭게 결합하여 팀원들의 만족과 성과를 높이는 리더십을 구현해야 한다.

일은 곧 그 사람이다

일을 하다 보면 팀원들이 업무 성과를 내도록 코칭이 쉽지만은 않다. 특정 시기에 맞춰 추진해야 할 일을 하도록 요청하면 생각만큼 진행되지 않는다. 이런 일은 반복된다. 일이 진행되지 않을 때는 계획서나 보고서를 작성해서 팀원에게 전달하고 추진하기도 한다.

시간의 넉넉함과 일의 깊이와 속도는 비례하지 않는다. 업무가 진행되지 않아서 시기를 놓치면 어려워지니 일을 빨리 진행해야 하는데, 업무 추진지 안되고 기일이 다가오면 예상하지 못했던 다른 일들이 생겨 원래 추진하려 했던 시기에 맞추질 못한다.

팀장은 팀원에게 업무 지시를 하면 추진 사항이 나올 때까지 기다릴 수밖에 없다. 인내심을 갖고 충분한 시간을 주어야 한다. 업무 진행이 안 되면 어느 정도 시간을 두고 진행 상황을 물어보게 되는데, 진행이 안 된 상태에서 마감 일정이 얼마 남으면 일의 질을 높일 수 없게 된다.

일을 주도적으로 조정하고 추진하는 건 일을 대하는 태도에 따라 달라진다. 일을 추진할 때 조금 더 고민하고 한 발 더 깊숙이 접근할 필요가 있다. 중요하지 않은 일도 고민하면 고민한 노력이 보인다. 사내 메신저로 쪽지를 보내더라도 메시지의 내용을 보면 그 사람이 어떤 사람인지 알 수 있다. 일은 열심히도 해야 하고 잘하기도 해야 한다. 일은 돈의 반대급부만큼만 하는 게 아니다. 일에는 인생이 담겨 있다. 일은 곧 그 사람이다. 최인아 대표는 이런 말을 한다. 일은 '해 주는 게' 아니라고. "언제까지 해주면 돼요" 가 아니라 "언제까지 하면 돼요" 라고. 내가 하는 일에 최고가 되려는 자세가 중요하다. 자신이 하는 일을 주어진 거니까 문제 안 생길 정도로 형식만 갖춰서 해준다는 태도는 바람직하지 않다.

구성원을 유능하게 하거나 무능하게 만드는 것은 리더의 관점과 인식에 달려 있다고 신수정 작가는 <거인의 리더십>에서 말한다. 구성원의 능력과 성장 가능성을 믿어주면 그 직원은 업무 의욕이 높아지고 성과도 나오며 유능한 직원이 된다. 리더에게 필요한 중요한 관점이다.

리더가 구성원에게 잠재성을 키워주면 구성원도 인정받기 위해 열심히 잘해야 한다. 자기 능력을 향상하고, 관성처럼 해온 일하는 태도와 관점을 조금씩 나은 방향으로 나아가려는 자세가 필요하다. 리더나 구성원이나 직위만 다를 뿐 본질은 같다. 인간으로서 일과 삶을 대하는 태도가 중요하다. 모든 씨앗이 꽃을 피우는 건 아닌 것처럼.

문제해결을 쉽게 하는 방법

어떤 과제를 수행할 때는 쉽게 시작하지 못한다. 이유는 두렵거나 잘 모르기 때문이다. 기획의 가장 핵심은 목적을 달성하기 위해 가장 적합한 행동을 설계하고 계획하는 것이다. 가장 적합한 행동을 어떻게 찾을 수 있을까? 머릿속으로 생각만 한다고 답을 찾을 수 있는 건 아니다. 어떻게 해야 쉽게 생각을 정리할 수 있을까?

문제를 단순하게 만들고 복잡한 문제를 단순화하면 접근이 편하다. 단순화한다는 것은 잘게 쪼갠다는 거다. 쪼갤 때 비슷한 것끼리 덩어리로 뭉쳐서 쪼개야 한다. 낱개로 나열하면 안 된다는 뜻이다. 뇌가 편안한 방법은 구조화다. 구조화는 의미별로 묶는 방법이다.

예를 들어, 가정에서 집안일을 효율적으로 처리하기 위한 문제를 생각해 보면, 첫 번째로 이 문제를 단순화하려면, '집안일'이라는 큰 카테고리를 여러 작은 부분으로 나누는 것이 필요하다. 집안일은 대략 '청소', '세탁', '요리', '쇼핑' 등으로 나눌 수 있다. 이렇게 하면 각각의 작은 문제를 별도로 접근할 수 있게 된다. 그런 다음 '비슷한 것끼리 덩어리로 뭉쳐서 쪼개기' 원칙에 따라 이 작은 문제들을 더욱 세부적으로 나눈다. 예를 들어, '청소'라는 카테고리를 '방 청소', '화장실 청소', '주방 청소' 등으로 나눌 수 있다. 이렇게 하면 각각의 작은 문제가 더욱 구체적으로 되고, 효과적인 해결 방안을 찾기 쉬워진다.

두 번째로 위에서 나눈 문제들을 각각의 카테고리에 맞게 구조화한다. 예를 들어, 일주일을 7일로 나누고, 각 요일에 어떤 집안일을할 것인지 정하는 거다. 월요일에는 방 청소와 세탁을, 화요일에는화장실 청소와 쇼핑을, 수요일에는 주방 청소와 요리를 등등. 이렇게 구조화를 하면 뇌가 이 정보를 쉽게 처리할 수 있고, 어떤 일을언제 해야 할지 명확하게 알 수 있다.

논리적으로 구조화하기 위해 쪼개어 내려가는 방식에는 '왜'와'어떻게' 질문법을 사용하면 된다. 우선, '왜'라는 질문을 반복한다.'나는 요즘 하려는 일이 잘 안돼! 왜? 너무 많은 일을 하니, 중요한일에 집중할 수 없어. 왜? 다 잘하려는 욕심 때문인가 봐. 왜? 내인생에 제일 중요하다고 생각하는 걸 찾지 못했기 때문이야. 왜?내가 되고 싶고 원하는 게 뭔지 몰라서. 왜? 나에 대해 깊이 오랜시간 생각하지 않았어.'

요즘 하려는 일이 잘 안되는 이유는 너무 많은 일을 다 잘하려고했기 때문이고, 해법은 나에 대해 깊이 오랜 시간 생각하는 방법을찾았다.

'어떻게'의 질문도 반복하면 된다. '일이 잘되는 방법을 찾아야 겠어. 어떻게? 중요한 일이 무엇인지 찾아보아야지. 어떻게? 종이 위에 지금 내가 하는 일을 적어보고 우선순위를 매겨보는 거야. 어떻게? 순위를 적어 보면 불필요한 일을 제거할 수 있어. 그럼, 내가 정말 하고 싶은 일에 집중할 수 있어.'

'어떻게'라는 질문을 3번만 했는데 방법을 찾을 수 있었다. 이렇게 복잡한 문제를 단순화하고, 구조화하여 뇌는 문제를 효율적으로 처리하고 해결할 수 있게 된다. 단순화하고 구조화하는 방법은 일상의 모든 영역에서 적용될 수 있는 원칙이다.

평범한 당신을 천재로 만드는

두 가지 전략

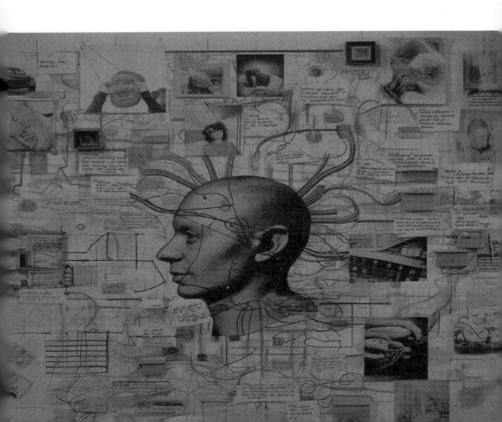

'인지적 구두쇠'라는 말이 있다. 우리의 뇌는 생각보다 부지런하지 않다. 기회만 되면 일을 줄이려고 한다. 뇌가 한 번에 처리하는 양의 정보는 한계가 있기 때문이다. 최소한의 노력만 하려고 한다. 심리학자들은 게으른 뇌를 '인지적 구두쇠'라고 부른다. 사실 똑똑하건 똑똑하지 않건 뇌는 복잡하고 어려운 것을 보는 것도 싫어하고 배우려고 하지도 않는다. 뇌는 지출을 싫어하는 구두쇠이다.

뇌가 복잡한 것을 싫어하는 것에서 무얼 도출할 수 있을까? 뇌가 좋아하는 게 무엇인지 알아야 한다. 정답은 간단하다. 이미 이 글을 읽고 있는 여러분도 아는 거다. 쉬운 거 좋아한다. 딱 보면 아는 거 좋아한다. 딱 한 장으로 정리된 것을 좋아한다. 시각적으로 보기 쉽게 한 장으로 정리하면 된다.

뇌가 좋아하는 방식의 첫 번째 방법은 '구조화'이다. 비슷한 성격끼리 묶는 거다. 정리되지 않은 요소들의 기준점을 찾아야 한다. 보고서를 쓸 때 일정한 기준에 따라 정보를 체계적으로 정리해서 조감도 있게 제시하면 읽는 사람이 이해하기 쉽다. 예를 들어, 카페에서 아메리카노, 스무디, 녹차, 라테 등으로 마구 나열하기보다는 커피류, 티류, 푸드류, 기타 음료로 구분되면 세부 정보를 이해하기 쉽고 기억하기 쉽다.

복잡한 문제도 생각의 덩어리로 구조화하면 단순해진다. 예를 들어 규제개선 과제 발굴 방안 보고서를 작성한다고 가정하자. 규제의 종류를 기준점을 찾아 분류할 수 있다. 신설, 강화 규제 정비, 기존 규제 정비, 그림자 및 행태규제 개선 등 카테고리를 찾아 구조화하고 세부 항목을 구분할 수 있다. 중요한 것은 구조화된 덩어리는 보고서를 읽는 사람에게 보여주는 거다.

뇌가 좋아하는 방식의 두 번째 방법은 '시각화'이다. 100장이 넘는 보고서도 1장으로 시각화하면 이해하기 쉽다. 진화론의 아버지 찰스 다윈의 노트는 복잡한 진화 과정을 단순한 텍스트로만 설명하지 않고, 생물의 분류, 변이, 그리고 진화를 나타내는 다양한 도식을 그려 자신의 이론을 명확히 전달했다. 이탈리아 르네상스를 대표하는 레오나르도 다빈치의 노트도 미술, 과학, 기술, 건축 등 다양한 주제에 대해 자기 생각을 글과 그림으로 표현했다. 조선시대 대표 학자인 퇴계 이황도 '성학십도'에서 개념 간의 상관관계를 계층적으로 구조화하여 글과 그림으로 시각화한 것을 알 수 있다. 시각화는 뇌가 좋아하는 방식으로 타인에게 정보를 효과적으로 전달할 수 있다.

시각화하면 좋은 점은 전체를 조감하여 이해할 수 있다는 점이다. 3년 전만 해도 필자는 책의 한 페이지를 넘기기도 어려웠다. 반복해서 읽어야 했고, 금방 기억에서 사라졌다. 마인드맵 도구를 이용해 책의 내용을 전체적으로 시각화해 봤더니, 오랫동안 기억에 남는 것을 알게 되었다. 맵을 만드는 과정에서 생각이 정리되고 전체와 부분의 관계를 생각하면서 정리하니 뇌가 편안함을 느끼게 된다.

직장에서 업무를 할 때도 마인드맵을 사용했더니 업무에 효과적임을 알 수 있었다. 목표와 일정을 시각적으로 기록하면 생각하게 되고 행동하게 된다. 미래에 일어날 일도 사전에 대비하고 있으니, 업무의 유연성도 생겼다. 일을 시작하기 전에 전체 구조와 흐름을 미리 생각해 보니, 두려움이 사라지고 체계적으로 업무를 추진할 수 있었다. 1년 동안에 해야 할 팀의 비전, 목표, 계획, 일정을 마인드맵으로 수정하고 보완하면서 생각이 정리되고 문제점을 찾아 대비할 수 있었다.

'자세히 보아야 예쁘고, 오래 보아야 사랑스러운 방식'이 아니라 '그냥 봐도 알 수 있고, 딱 봐도 이해되는 방식'으로 보고서를 만들어야 한다. 무엇이든 짧고, 명료하며, 그림같이 쓰면 사람들에게 읽히고, 이해되며, 기억 속에 머물게 된다. 뇌가 좋아하는 방식으로 구조화하고 시각화하면 분명 놀라운 효과가 나타나는 걸 알게 될 거다.

오랫동안 기억하는 방법

어떤 정보가 우리에게 오랫동안 기억될까? 우리의 뇌는 외부 정보를 무조건 기억하지 않는다. 정보가 들어오면 내게 필요한 정보인지 인지하고 불필요한 거라면 바로 잊어버린다. 수많은 정보 중에서 받아들일 필요가 있는 정보 일부만 선택해서 잠시 기억했다가 장기 기억으로 간다. 인지된 정보를 잠시 머물게 하는 기억이 머무는 용량은 아주 제한 적이다. 우리 뇌가 쉽게 기억할 수 있는 정보의 개수는 일곱 개다. 일곱 개 이하로 정보를 놓아야 뇌가 좋아한다. 3개, 5개, 7개 숫자로 정보를 제공하면 기억하는 데 효과적이다.

글을 쓸 때도 짧은 문장이 기억하기 수월하다. 짧고 간결한 문장으로 써야 읽힌다. 문장을 쓸데없이 길게 늘여 쓰면 주어와 서술어의 관계도 쉽게 파악하기 힘들고, 무슨 말을 하는지 이해하기 어려워진다. 예를 들어 "조심스럽게 두 손을 내밀어 식탁 위에 놓인 그릇을 들고, 의자를 미끄러지게끔 뒤로 민 후, 그릇을 식탁 위로 조심스럽게 올려놓아 주십시오."를 "그릇을 들어 옮기고, 의자를 뒤로 밀어 놓은 후, 그릇을 식탁 위에 놓으세요."처럼 줄이면 이해하기 쉽다.

뇌는 고통은 피하고 쾌감은 늘리려고 한다. 다음 문장의 예를 보면 단순한 메시지가 눈에 들어오는 것을 알 수 있다. "전기 자동차의 이용이 더욱 확산하면서, 지구의 기후 변화와 탄소 배출의 문제를 해결하는 데 크게 이바지할 수 있을 것이며, 전체적인 환경 보호와 지속 가능한 발전이라는 우리 사회의 중요한 목표를 달성하는 데 도움이 될 것입니다." 문장과 "전기 자동차 사용이 늘면 기후 변화 해결에 도움이 됩니다." 문장 중 어떤 문장이 읽기 편했을까? 뒤에 있는 짧은 문장을 모두 선택했을 거다. 뇌는 가능한 에너지를 적게 쓰려고 한다. 읽히는 글을 쓰고 싶다면 짧게 써야 한다.

이미지로 된 정보가 쉽게 이해되고 오래 기억된다. 텍스트 정보는 뇌로 전달되는 시간이 길고 이미지 정보는 뇌로 전달되는 시간이 짧다. 이미지가 없는 추상적 정보는 뇌로 정보 전달이 어렵다. 텍스트에 이미지를 함께 전달하면 기억의 효과는 높아진다. 2006년 미국 워싱턴대학교 연구팀은 이미지가 있는 텍스트를 읽은 사람들이 이미지가 없는 텍스트를 읽은 사람들보다 정보를 더 잘 기억한다는 연구 결과를 발표하기도 했다.

뇌는 계층으로 구조화된 글을 좋아한다. 상위 카테고리 아래 하위 카테고리를 구분하여 넣는 방식을 말한다. 예를 들어 책의 목차나, 웹사이트의 레이아웃, 논문의 구조, 강의 순서, 회사의 조직도 등은 모두 구조화되어 있다. 상위 카테고리 아래 하위 카테고리를 구분하여 넣으면, 뇌는 이해하고 기억하기 쉽고, 글의 흐름을 쉽게 파악할 수 있다.

기억은 감정의 영향을 받는다. 감정에 물들지 않은 기억은 없다. 정보에 감정을 입혀 전달하면 기억하기도 쉽다. 감정은 우리가 겪는 경험과 경험으로 인한 기억 사이의 강력한 연결고리로 작용한다. 감정에 물들지 않은 기억은 없다. 감정은 뇌의 편도체와 해마를 자극하여 기억 형성에 영향을 미친다. 편도체는 감정을 처리하는 뇌의 영역으로, 해마는 기억을 저장하는 뇌의 영역이다. 감정은 편도체를 자극하여 해마로 신호를 보내고, 해마는 이 신호를 받아 기억을 저장한다. 감정은 기억의 형성뿐 아니라 기억의 유지에도 영향을 미친다. 긍정적인 감정을 느낀 기억은 부정적인 감정을 느낀 기억보다 더 오래 유지된다. 이는 긍정적인 감정이 해마의 신경세포를 활성화하여 기억을 강화하기 때문이다. 무엇을 하든 첫 번째 경험은 오랜 시간이 지나도 기억하지만, 첫 번째가 아닌 열 번째 기억은 첫 번째 경험만큼 뇌에 쾌감을 주지 못함으로 기억되지 않는다.

정보를 오랫동안 기억하게 하기 위해서는 짧게 쓰고, 이미지로 된 정보를 텍스트와 함께 제공하고, 계층으로 구조화된 글을 쓰고, 감정을 입혀 제공하면 오랫동안 기억할 수 있다. 무엇이든 짧게 쓰고, 무엇이든 명료하게 쓰며, 그림으로 시각적으로 표현하면 뇌가 좋아하고 장기기억으로 만들 수 있다.

일잘러 공무원의 성과를 달성하는 세가지 전략

당신은 현재 삶의 목표가 있나? 고등학교 때에는 소위 명문대라고 불리는 곳에 가려는 목표를 갖고, 대학에 가서는 좋은 직장을 가기 위한 목표를 갖는다. 목표라고 말하지만, 그 당시 목표가 명확하고 분명하진 않았던 거 같다. 아니 목표가 없었다. 대학은 그냥 가는 것인 줄 알았고, 취업도 하면 되는 거로 생각했다. 지금 돌이켜 보면 대책 없이 살았었다. 남들에게 인정받고 싶은 자존감은 있었지만, 높은 곳으로 가기 위한 노력은 하지 않았다.

취업하기 전에 인생에서 가장 몰입했다고 생각되는 일은 공무원 시험 준비를 했을 때다. 집안 형편이 어려워 군대를 다녀온 후 대학에 복학하는 것은 생각에서 지워버렸다. 할 수 있는 것은 공무원에 취직하는 방법밖에 달리 길이 없었다. 남들처럼 노량진 학원에 가서 공부할 형편도 안 됐다. 집에서 인터넷 강의로 독학했다. 모든 인간관계가 끊기고 홀로 외로운 길을 걷다가 운 좋게 공무원 시험에 합격했고, 사회생활을 처음 하게 되었다.

공무원에 들어와서 일하면서도 '일 년 동안 나는 어떤 것을 목표로 살 거야'라는 목표가 없었다. 그저 하루하루 주어진 일을 하는 것에 만족했고, 그게 잘 사는 길이라 생각했다. 하지만 지금은 다르다. 하루하루가 소중하고 일일 목표, 주간 목표, 월간목표, 연간목표를 설정하고 달성하기 위해 노력한다. 일할 때도 마찬가지다. 목표설정은 이제 습관처럼 당연한 것이 되었다. 목표설정을 명확히 한다고 해서 목표를 달성하게 되는 것은 아니다. 목표를 향해 달려갈 방법을 정하고 실행해야 목표의 근처라도 갈 수 있다.

일을 잘하려면 명확한 목표를 설정해야 하고 일을 하는 과정 중에 확산과 수렴의 과정을 잘 이해하고 실행해야 한다. 명확한 목표 설정은 한 장의 그림처럼 되고자 하는 모습이다. 되고자 하는 모습이 명확하게 그려질 때 목표를 향해 달려가게 된다. 목표를 달성하기 위해 아이디어를 생각해 내고, 기대하는 모습과 현재 상태의 차이에서 발생하는 문제를 해결하기 위해 방법과 대안을 찾고, 실행한다. 이러한 과정은 잠을 자는 동안에도 무의식적으로 아이디어와 방법을 찾는 과정을 반복하게 된다. 과거 경험에서 축적된 정보와 연결되어 새로운 생각이 떠오르는 놀라은 경험을 하게 된다.

목표를 달성하기 위해서는 자기 자신에게 1년 후에 성공한 모습을 상상하며 하나의 이미지로 형상화해야 한다. 자신도 의식하지 못하는 사이에 우리는 상상하는 이미지로 향해 나아가게 된다. 일을 시작할 때는 확산적 사고가 필요하다. 즉, 아이디어를 발산하고, 정보를 수집하며, 긍정적인 자세로 목표를 바라보는 것이 중요하다. 그 다음 아이디어를 시각화하고, 서로의 연관성을 파악하며, 구조화하고 연결하면서 새로운 방법을 찾아내야 한다. 이제는 구체적인 방법을 찾고 목표를 향해 달려가기 위해 중요한 것에만 집중해야 한다. 명확한 일정을 설정하고 행동하며 부족한 부분을 채워 나가야 한다. 마지막으로 달성한 성과와 결과를 공유하고, 다음 일을 하기 위해 잘된 점과 부족한 점을 정리해서 다음 일을 하기 위한 자료로 활용해야 한다.

위와 같은 과정을 각각의 단위 업무에 적용하고 반복해야 한다. 작은 프로젝트가 하나씩 모여 큰 성과로 나타나기 때문이다. 시작할 때는 일을 잘 추진하기 위해 기획하고 계획한다. 일을 하는 과정 중에는 기대하는 목표와 현재 상황의 차이를 줄이기 위해 방법을 찾고 행동으로 옮긴다. 하나의 프로젝트가 완성되면 결과를 공유하고 널리 알린다. 알리는 과정은 일을 잘하기 위한 동기부여가 되기 때문에 상당히 중요한 과정이다. 하나의 프로젝트가 완성되면 다음 프로젝트를 실행해야 한다. 일을 잘하는 방법이고, 능력이다.

일을 잘하는 사람은 다음 네 가지 역량을 키우는 데 집중해야 한다. 첫째, 논리적이고 창의적으로 생각하는 능력이다. 둘째, 목표를 달성하기 위해 자료 수집, 협업, 시간관리 등을 관리하는 능력이 있어야 한다. 셋째, 자신이 원하는 바를 달성하기 위해 자신이 생각하는 바를 명확하게 표현하고 전달할 수 있어야 하며, 일을 하도록 하기 위해 자신의 생각을 잘 전달하고 타자의 생각을 알아들을 수 있는 능력을 키워야 한다. 넷째, 지식은 항상 변화하기 때문에 새로운 지식이 나올 때마다 배우고, 이해하며, 확장할 수 있는 학습 능력이 중요하다.

일을 잘하려면 자기 경영 능력이 필요하다. 자신을 잘 다스리는 능력이 필요하다. 자신을 삶을 주도적으로 살아가야 한다. 자기 삶에 의미와 가치를 찾는 삶을 살아야 한다. 그래야 삶의 목표를 향해 가슴 뛰게 나아갈 수 있다. 여기서 중요한 것은 자기 자신을 제대로 알아야 한다는 점이다. 그래야 내가 좋아하는 것, 잘하는 것에 충실할 수 있다. 또한, 자기 자신을 잘 알아야 자신의 부족한 점을 알고 자신을 발전시키려고 노력할 수 있다. 자기 자신을 성찰하지 못하면 앞으로 나아갈 수 없다. 내가 알고 있는 것과 모르고 있는 것을 분명히 구분할 수 있어야 하고 모르는 부분을 채워 나가 더 단단한 존재로 거듭날 수 있다.

일과 삶에서 소중한 시간을 허비하지 않고 충만하게 살아가는 방법은 명확한 목표설정과 분명한 방법으로 타이밍에 맞춰 행동하는 거다. 한 번에 큰 목표를 달성하기는 어려우니 작은 목표를 설정하고 달성하면서 큰 목표를 향해 달려 나가는 것이 현명하다. 생각하는 능력, 관리하는 능력, 소통하는 능력, 학습하는 능력을 잘 갖추어야 일을 잘할 수 있다. 평소에 네 가지 능력을 키우기 위해 부단히 성찰하고 배우고 결과를 만들어 내야 한다. 앞에서 말한 것들만 습관화하고 자동화할 수 있으면 자신은 물론 타인에게도 인정받는 훌륭한 사람으로 성장하게 될 것이다.

지치지 않고 힘을 내는 사람

무언가 생각을 글로 써서 전달한다는 것은 참 매력적이다. 글을 잘 쓰려면 하나의 주제에 집중해야 한다. 전달하려는 메시지가 명확해야 한다. 선명해야 한다. 선명한 글을 써야 하는데 어설프다. 내면을 가꾸는 축적의 시간이 필요하다. 거름을 많이 준 나무에서 열매가 많이 열리듯이 사람도 좋은 것을 많이 집어넣어야 잘 버무려져서 가치 있는 새로운 것으로 열매를 맺게 된다.

누구나 어떤 형태로든 새로운 것을 뇌로 입력하고 뇌에선 화학작용이 일어난다. 하지만 유튜브로 공부하는 사람과 책으로 공부한 사람 중 누가 더 밀도가 높을까? 인간은 사고를 오랫동안 집중하지 못한다고 한다. 자꾸 다른 생각이 뇌를 지배한다. 아직 일어나지 않은 미래의 일이 뇌 속 여기저기서 마구 튀어나온다. 그런 면에서 사고를 오래할 수 있는 좋은 방법이 독서다. 독서는 오랫동안 사고를 하게 만든다. 독서하는 동안에서 책이 말하는 것에 깊이 빠져든다. 저자가 전달하는 메시지를 이해하거나 비판하기 위해 애쓴다. 독서의 효용이다.

독서 다음 단계가 글쓰기다. 글을 쓰는 것은 내면의 것을 배출하는 행위이다. 글을 쓰면서 생각이 정리된다. 여기저기 숨어있던 재료들을 마구 끄집어내어 새롭게 버무린다.

책을 요약하거나 강의 내용을 요약하는 행위는 쉬운 일이다. 사고를 깊게 할 필요가 없기 때문이다. 다만, 핵심을 파악하고 논리적으로 적어내는 것에서 효용이 있다. 남의 생각의 구조를 분해하여 내 것으로 입력하는데 도움된다. 남의 요약한 글을 보는 것보다. 직접 요약하는 것이 좋다. 요즘 퍼블리, 롱블랙, 폴인 등 많은 콘텐츠 정보를 잘 정리해서 알려주는 콘텐츠 플랫폼 매거진들이 있다. 정보의 홍수 속에 시간이 부족한 사람들에게 양질의 콘텐츠를 제공하는 면에서 유익하다. 하지만 내가 직접 요약하고 정리한 것만 못하다. 오로지 내가 직접해 본 것만이 가치가 높다.

퇴근 후 핸드폰에 엄지 손가락으로 글을 쓰고 있다. 요약만 할 줄 알던 사람이 글을 쓰는 사람으로 바뀌었다. 일이 전부인 줄 알았던 사람이 일 이외에 자기 계발에서 가치를 알게 되었다. 직장에서 인정받는 것이 전부라고 생각했던 사람이 더 넓은 세상과 소통하는 즐거움을 알았다.

필자는 일에서 창의적인 생각과 스스로 적극적인 동기부여를 할 수 있는 사람이 되었다. 나를 발견하기 위한 수많은 시도와 끊임없는 노력이라 생각한다. 자기 계발이 전부는 아니더라도 일과 일상에 상당한 효용가치가 있음은 분명하다.

누구나 태어나면서 소망하고 꿈을 꾸는 능력을 갖고 태어난다. 꿈을 성과로 만드는 것은 만들어진 것이다. 꿈을 다듬어 비전으로 만들고 비전을 달성하기 위한 작은 미션들로 쪼개서 프로젝트화 하는 능력은 논리적인 사고를 할 수 있는 사람이 잘한다. 명확한 목표 설정과 명확한 일정설계를 할 수 있어야 성과로 이어진다. 느낌만으로 할 수 있는 것이 아니다. 개념화할 수 있어야 한다. 설명할 수 있어야 하고 소통하고 관리할 수 있어야 한다. 논리적인 것을 배운 사람이 비전을 달성할 가능성이 높다.

일상에서 하루도 지치지 않고 자신을 단련하고 끌고 나가는 힘을 가져야 한다. 방향은 타인이 아닌 나로 향해 있어야 한다. 안으로 단단해야 흔들림이 없다. 자신의 신념을 향해 나아갈 수 있다. 아침에 일어나 하루를 내 것으로 만들기로 다짐하듯 하루를 마무리할 때에도 하루가 내 것이었나 되짚어 본다. 원하는 삶을 살기 위해 오늘도 힘을 낸다.

작가의 말

매일매일 글을 썼다. 일을 마치고 돌아와 하루를 되돌아봤다. 머릿속에 맴도는 불분명한 생각의 흐름을 글로 정리하면서 생각을 명확히 했다. 글의 내용은 일터에서 일어나는 일에 대한 이야기가 대부분이다. 어떻게 하면 일을 잘 할 수 있을까? 일의 수준을 높이기 위해서는 어떤 방법이 좋을까? 일의 성과를 내기 위해서는 어떤 마음가짐이 필요할까? 이런 질문에 대한 답을 썼다.

성과부분에서 어떻게 노력했는지도 정리했다. 부끄럽지 않은 삶을 살기 위해 어떻게 살아야 할 지에 대한 고민도 말했다. '공무원이 전부는 아니라서요'라는 제목은 공직 이외의 것들에 눈을 돌릴 수 있어야 일과 관계, 그리고 삶을 충실하게 살 수 있다는 의미다.

공무원 조직에서 일의 의미와 가치에 대해 생각해 볼 수 있는 기회가 되길 바란다. 이 글이 누군가에게 영감이 되고 좋은 영향력으로 이어졌으면 한다.

2023. 7. 1.

권석민

참고도서

김성미, <어치브 모어>, 퍼블리온, 2022.

최인철, <프레임>, 21세기북스, 2021.

안우경, <씽킹 101>, 흐름출판, 2023.

정재승, <열두 발자국>, 어크로스, 2023.

신수정, <일의 격>, 턴어라운드, 2021.

송영근·박안선·심진보 (2022), "[기술정책 트렌드] 디지털 전환의 개념과 디지털 전환 R&D의 범위," 한국전자통신연구원 연구보고서, 1-45.

최예나 (2022), "디지털 전환이 조직성과에 미치는 영향에 관한 탐색적 연구-디지털 가치창출의 조절효과를 중심으로," 『한국자치행정학보』, 36(2), 1-29.

김정인 (2022), "정부조직의 근무환경 디지털 전환: 디지털 전환 형성 요인과 결과를 중심으로," 『한국행정논집』, 34(1), 29-51.

손형섭 (2021), "디지털 전환 (Digital Transformation)에 의한 지능정보화 사회의 거버넌스 연구," 『공법연구』, 49(3), 199-230.

김민식·손가녕 (2017), "제4차 산업혁명과 디지털 트랜스포메이션의 이해," 『정보통신정책연구원 동향』, 29(3).

이서영 (2018), "디지털 트랜스포메이션이 조직에 미치는 영향," 『4차 산업혁명 브리프』, NO. 14.

주효진·최희용·최윤희 (2022), "디지털플랫폼정부와 정부혁신: 정부 역할 및 기능 재정립을 중심으로," 『지방정부연구』, 26(3), 307-327.

최인아, <내가 가진 것을 세상이 원하게 하라>, 해냄, 2023.

하미영, <창의적이며 합리적인 생각의 기술>, 프리렉, 2019.

강규형, <성과를 지배하는 바인더의 힘>, 스타리치북스, 2013.

전우성, <그래서 브랜딩이 필요합니다>, 책읽는수요일, 2021.

황농문, <몰입>, 일에이치코리아, 2020.

세이노, <세이노의 가르침>, 데이원, 2023.

제임스 클리어, <아주 작은 습관의 힘>, 비즈니스북스, 2019.

티아고 포르테, <세컨드 브레인>, 쌤앤파커스, 2023.

김익환, <거인의 노트>, 다산북스, 2023.

박소연, <일 잘하는 사람은 단순하게 합니다>, 더퀘스트, 2020.

신수정, <거인의 리더십>, 엣워크, 2023.